GÜTERSDIE
LOHERVISION
VERLAGSEINER
HAUSNEUENWELT

Jürgen Moltmann

Über Geduld, Barmherzigkeit und Solidarität

GÜTERSLOHER VERLAGSHAUS
DIE VISION EINER NEUEN WELT

INHALT

BARMHERZIGKEIT UND SOLIDARITÄT

EINSTIMMUNG AUF DIE GEDULD

Über Geduld zu sprechen ist unzeitgemäß. Wir leben in ungeduldigen Zeiten. Unser Lebensstil ist schnelllebig geworden. Wir wollen immer auf dem Laufenden sein. Reich sind die vielen Möglichkeiten, aber kurz ist das Leben. Wir sind in unseren besten Jahren überbeschäftigt und haben keine Zeit für geduldiges Warten. Wir können vieles »machen« und nur weniges »wachsen lassen«. Manche junge Menschen leben gar nicht selbst, sondern werden gelebt: in den Ohren haben sie Stöpsel für Musik, vor den Augen haben sie ihren i-Pad und lassen sich unterhalten. Die Reklame berieselt sie. Die digitale Welt kontrolliert sie. Sie sind wie Kranke an Apparate angeschlossen. Statt geduldig zu schauen, fotografieren sie; statt sich auf sich selbst zu besinnen, machen sie Selfies. Manche moderne Menschen sind auf der Flucht vor sich selbst und ihrer inneren Leere, darum haben sie die Geduld mit sich selbst gar nicht kennen gelernt oder verloren.

Und doch leben wir alle von der Geduld. Neun Monate hatte unsere Mutter Geduld mit uns, bevor wir das Licht dieser ungeduldigen Welt erblickten. Wir verdanken unser Leben den Personen, die uns »aufwachsen« ließen. Wir leben beständig davon, dass andere Menschen Geduld mit uns haben, uns Zeit lassen und uns Lebensräume öffnen.

Die Erde hat Geduld mit einer Menschheit, die wie eine Krankheit auf ihr wütet. Wir beuten ihre Bodenschätze aus, holzen ihre Wälder ab, vergiften ihre Luft, und dennoch hat die Erde Geduld mit uns Menschen.

Im Klimawandel der heutigen Zeit scheint die Geduld der Erde erschöpft zu Ende zu gehen.

Gott hat unendliche Geduld mit seiner Schöpfung »Mensch«, weil Gott sie liebt, obwohl ihn schon gereute, die Menschen geschaffen zu haben. Also hat Gott auch Hoffnung auf eine gottentsprechende Menschheit. Gottes Geduld schafft Lebenszeit.

Was ist Geduld und wie erlernt man sie?

VORWORT

Ich habe Geduld erfahren und gelernt während der hoffnungslosen Krankheit meiner Frau. Der Traktat über die Geduld ist während dieser Jahre entstanden.

Mit Geduld, Barmherzigkeit und Solidarität gehen andere auf uns ein und geben uns Zeit und Raum und Kräfte zum Leben.

Mit Geduld, Barmherzigkeit und Solidarität gehen wir auf andere ein und geben ihnen Zeit und Raum und Kräfte zum Leben. Geduld ist die Energie des Zusammenlebens.

Wenn wir keine Geduld mehr miteinander haben, zerbricht das Miteinander unserer Gemeinschaft.

Ich habe den Vortrag über Barmherzigkeit und Solidarität zum Jubiläum der Katholischen Universität von Mailand im Jahr 2014 gehalten.

Ich widme dieses Buch meiner Frau Elisabeth, die mir mit ihrer Liebe Zeit und Raum und das Glück des Lebens mit ihr gegeben hat: »Und ewige Freude wird über ihrem Haupte sein« (Jes 35,10).

Ich danke Herrn Diedrich Steen und dem Gütersloher Verlagshaus, dass sie diese ungewöhnliche Form eines Buches möglich gemacht haben.

Tübingen, Weihnachten 2017 Jürgen Moltmann

ÜBER DIE GEDULD[1]

I LEBENSERFAHRUNGEN MIT DER HOFFNUNG UND MIT DER GEDULD

1. Sind Hoffnung und Geduld Gegensätze?

Hoffnung begeistert, Geduld ist mühsam. Hoffnung macht das Leben licht, Geduld beschwert das Leben. Wer hofft, bricht zu neuen Ufern auf, wer Geduld übt, ist zum Tragen bereit. Die Hoffnung macht das Leben aktiv, das Dulden macht das Leben passiv. Wer hofft, kann handeln, wer duldet, muss etwas ertragen.

In meiner Jugend lernte ich den »Gott der Hoffnung« kennen und liebte die Anfänge des neuen Lebens mit neuen Ideen.[2] In meinem Alter lerne ich den »Gott der Geduld« kennen und bleibe an meinem Platz im Leben. Jugend und Alter sind nicht nach Lebensjahren zu messen, es sind Lebenserfahrungen und Einstellungen zum Leben. Ich werde »jung« und erforsche die Abenteuer des Lebens und ich bin »alt« und lerne die Schmerzen des Abschieds zu ertragen. Ich fühle mich »jung«, wenn ich dem »Gott der Hoffnung« im auferweckten Christus nahe komme. Ich werde »alt« und lerne, die Enttäuschungen des Lebens zu ertragen, wenn ich dem »Gott der Geduld« im leidenden Christus nahe komme.

2. Ergänzen sich Hoffnung und Geduld?

Ohne Geduld wird die Hoffnung oberflächlich und verflüchtigt sich rasch, wenn die ersten Widerstände sich zeigen. In der Hoffnung fangen wir etwas Neues an, aber nur mit Geduld halten wir durch. Erst in der beharrlichen Geduld wird die Hoffnung nachhaltig. Geduld ist eine Tugend, die wir in der Hoffnung lernen. Auf der anderen Seite sinkt die Geduld in die Passivität ab, wenn die Hoffnung verloren geht. Mit der Hoffnung wird Geduld zu einer aktiven Passivität. In der Hoffnung bejahen wir die Schmerzen, die sie einbringt, und erdulden sie. Geduld ist nicht nur patientia, sondern auch perseverantia.[3] Hoffnung und Geduld ergänzen sich und können nicht ohne einander sein. Geduld ist die Kehrseite der Hoffnung und Hoffnung ist die Kehrseite der Geduld. Meistens lernen wir beides zugleich.

Ich lernte die Hoffnung persönlich kennen, als ich den Zwang und die Einsamkeit eines Kriegsgefangenenlagers erdulden musste. Als 18-Jähriger lernte ich den »weiten Raum« der Hoffnung kennen und sah jedem Vogel, der über das Lager flog, mit Sehnsucht nach. So lerne ich jetzt, da ich noch immer von der Unruhe der Hoffnung getrieben werde, die Geduld kennen, die ich nicht habe, und die Ruhe des Herzens, die ich lange gesucht habe.

3. Geduld mit anderen – Geduld mit sich selbst

Unsere Selbsterfahrungen sind in Beziehungserfahrungen eingebettet, sie werden nicht nur in Selbstbezüglichkeit gemacht. Darum sind Hoffnung und Geduld keine Tugenden eines einsamen Subjektes, sondern Beziehungsgeschehen. Ich erwache zur Hoffnung, weil jemand mir etwas zutraut. Ich fange etwas Neues an, weil jemand sein Vertrauen auf mich setzt und etwas von mir erwartet. Ich erfahre die Geduld anderer mit mir und entfalte mich in dem Lebensraum, den sie mir einräumen. Ich habe Geduld mit einem oder einer anderen, weil ich Hoffnung für sie habe und lasse ihnen Zeit und warte und halte ihnen einen Platz in meinem Leben offen und freue mich auf sie.

Das geschieht von gleich zu gleich in symmetrischen Lebensverhältnissen. Wir sind voneinander abhängig und müssen uns aufeinander verlassen. Schwierig, aber lebensnotwendig werden Geduld und Hoffnung in den asymmetrischen Lebensverhältnissen wie beispielsweise zwischen Eltern und Kindern sowie im Alter, etwa im Umgang mit demenzkranken geliebten Menschen.

1. Eltern übernehmen die Obhut und Verantwortung für ihre Kinder. Sie geben ihre Kräfte in das Leben der Kinder in der Hoffnung auf die Zukunft der Kinder. Wenn aber die Kinder heranwachsen und selbständiger werden, muss diese lebensförderliche Aktivität in eine freiheitsförderliche Passivität der Eltern umschlagen. Man muss sich zurücknehmen, um die Kinder in ihren eigenen Lebensraum hineinwachsen zu lassen. Dabei unterschätzen leicht die Eltern die Kinder und halten sie für kindlicher und naiver, als sie sind, und die Kinder überschätzen sich und halten sich für reifer, als sie sind. Das erregt Ängste und Sorgen bei den Eltern und Mutwillen und Fehltritte bei den Kindern. Aber ohne die elterliche Selbstzurücknahme in Geduld werden Kinder nicht erwachsen und zu freien Menschen. Es gehört auch ein kluges Nachgeben zur Geduld mit streitbaren

Kindern. Wenn wir als Kinder Streit hatten, wurden wir vermahnt: »Der Klügere gibt nach.« Um die Gratwanderung zwischen Verantwortung für die Kinder und Zurücknehmen für ihre Freiheit zu bestehen, kommt es auf Vertrauen an: Eltern müssen Vertrauen haben auf die Selbständigkeit der heranwachsenden Kinder und Kinder müssen auf ihre Eltern vertrauen können in den Abenteuern ihres Lebens. Eltern müssen nicht ewig Eltern bleiben und Kinder nicht ewig Kinder: Es ist gut, wenn sich Freundschaft zwischen ihnen entwickelt. Manche wollen statt mit »Vater« oder »Mutter« mit Vornamen angeredet werden, wenn die Kinder erwachsen werden. Aber das ist nicht nötig. Der Lebensraum, den Eltern ihren Kindern durch Geduld mit ihrem Erwachsenwerden eröffnen, bleibt auch bestehen, wenn die Kinder älter werden. Den Eltern ist es als Kinder mit ihren Eltern auch so ergangen.

Das Gleichnis vom »verlorenen Sohn« (Luk 15,11–37) ist eigentlich ein Gleichnis von dem in grenzenloser Geduld wartenden Vater. Der Sohn tut alles, um die Verbindung zum Vater abzubrechen. Er lässt sich sein Erbe auszahlen, als wäre der Vater schon tot. Er bringt das Erbe durch und landet bei den Schweinen. Der Vater aber hält ihm seinen Lebensraum in seinem Hause offen. Als er den Sohn von Ferne sieht, kommt er ihm entgegen und nimmt ihn mit Freuden auf. »Es jammerte ihn seines Sohnes«, wie Luther das Erbarmen des Vaters übersetzt. Das ist ein Gleichnis für Gottes Geduld, sein Warten und Erbarmen und seine Freude am Finden des verlorenen Menschen. Aber es ist auch eine Vorbildgeschichte für Eltern, deren Kinder »verloren« gehen. Ich sah in Kanada in einem Gottesdienst einmal ein Tanzspiel über eine »verlorene Tochter«, das mich damals sehr ergriffen hat. Eltern halten ihren Kindern immer einen Platz zum Leben frei, was immer auch die Kinder anstellen, denn sie sind und bleiben ihre Eltern.

Wenn Kinder Magersucht in der Pubertät oder ähnliche Entwicklungskrankheiten bekommen, ist die erforderliche Geduld besonders schwer zu ertragen, aber es geht nicht anders als mit leidensbereiter Geduld: »Lassen Sie sich kneten«, riet ein bekannter Psychoanalytiker. Ausgehaltene Ängste gehören zur lebendigmachenden Geduld hinzu. Es ist gut, sich dann an Janusz Korczak und seine Grundrechte des Kindes zu erinnern:

> »Vielleicht gibt es noch andere – aber diese Grundrechte habe ich herausgefunden:
>
> Das Recht des Kindes auf seinen Tod;
> Das Recht des Kindes auf den heutigen Tag;
> Das Recht des Kindes, so zu sein, wie es ist.«[4]

Das erste Recht »auf den eigenen Tod« ist für liebende Eltern besonders schwer zu achten. Doch Kinder sind kein Eigentum der Eltern, sondern Gotteskinder. Eltern müssen das Ebenbild und Gottes Vorsehung in ihren Kindern achten. Mit dem »Recht auf den eigenen Tod« ist das Recht auf das eigene Leben gemeint, auch wenn das ganz anders wird, als die Eltern es sich vorgestellt haben. In der Gegenwart Gottes fällt die geduldige Selbstzurücknahme leicht, denn sie wird von dem Vertrauen auf Gott getragen.

2. Anders ist es, wenn im gemeinsamen Leben im Alter ein Partner dement wird. Dann entsteht aus dem Verhältnis von Gleichen ein ungleiches Verhältnis. Man kann dann nicht gut sagen: »Das ist nicht mehr der Mensch, den ich geliebt habe.« Auch wenn ich mich nicht in die Gedankenwelt und die Denkweise eines dementen Menschen hineinversetzen kann, bleibt doch die Gemeinschaft der Liebe und das gute Gefühl der Anwesenheit des anderen. Nicht der eine hat Alzheimer oder Parkinson und der andere nicht, sondern wir haben die Krankheit gemeinsam, denn sie betrifft mehr die Lebensgemeinschaft als den einen und den anderen nicht. Darum muss die Lebensgemeinschaft auf die Krankheit reagieren und sich verändern.

Es braucht viel Geduld, mit den Veränderungen des anderen mitzugehen und sich auf sie einzulassen. Das ist aber keine Geduld, die wie bei Kindern durch die Hoffnung auf eine Zukunft des Lebens getragen wird. Es ist eine Geduld der Liebe, die von den Erinnerungen des gemeinsamen Lebensglücks getragen wird. Ein dementer Mensch ist besonders liebenswürdig. Man möchte sein Dasein nicht missen, auch wenn er verwirrt ist. Man ist dankbar für jeden gemeinsamen Tag.

Man weiß nicht, wann die Demenz endet und das Sterben beginnt. Jedenfalls ist es ein unwiderruflicher Abschied von einem gesunden und gleichen Leben, dem gemeinsamen Erleben, und der Anfang eines ungleichen Lebens, das von dem Dementen viel Mut und von dem Nichtdementen viel Geduld fordert, aber die

Liebe gleicht beides aus. Geduld ist hier die Treue der Liebe.

3. Zum Schluss dieser Lebenserfahrungen mit der Geduld müssen wir auf die Geduld mit sich selbst eingehen. Sie ist besonders schwer zu üben, doch brauchen wir sie täglich.

> »Wallander hatte schon vor vielen Jahren gelernt, dass die Geduld mit sich selbst eine der vielen Tugenden war, über die ein Polizist verfügen sollte. Es gab immer Tage, an denen nichts geschah ... Dann brauchte man Geduld, um den Moment abzuwarten, an dem das Problem zu lösen war« (H. Mankell. Mord im Herbst, Wien 2013, 97).

Nicht nur ein Kriminalist muss das aufmerksame Warten lernen, um den Fall aufzudecken, jeder Jäger kennt diese Geduld mit sich selbst und jeder Wissenschaftler muss auf die Lösung des Problems oder auf die zündende Idee mit allen aufmerksamen Sinnen warten. Man muss seine Ungeduld im Zaum halten und Selbstbeherrschung lernen. Zur Geduld mit sich selbst gehört Disziplin und sachliche Wahrheitsliebe. Man darf sich nicht mit schnellen Scheinlösungen zufrieden geben. Man muss sogar die Unlösbarkeit als Lösung des Problems hinnehmen. Die Kraft zur Geduld mit sich selbst liegt gewiss im Selbstvertrauen.

Geduld mit sich selbst will auch angesichts der eigenen Behinderungen gelernt sein. Wenn die Organe nicht mehr mitmachen, wenn das Sehen und Hören schwerer werden, wenn die Beine schmerzen und die Finger krumm werden, kommt es auf die Geduld mit sich selbst an. Man lernt sie, indem man seine Behinderungen annimmt und »das Beste daraus macht«. Die

Kraft zu dieser Geduld liegt in der Selbstannahme, und diese gelingt, wenn man sich von anderen angenommen weiß.

Geduld mit sich selbst wird geprüft in den Niederlagen des Lebens. Dann sackt das Selbstwertgefühl ab und man kommt sich in einer erfolgsorientierten Gesellschaft als »loser« vor. Wenn man die Anerkennung der anderen und das gesellschaftliche Ansehen verliert, wird Selbstkritik oft zur Selbstverachtung. Dann kommt es auf die Geduld mit sich selbst an. Die Kraft zu dieser Geduld liegt in der Selbstgewissheit »ohne den Ruhm der Werke des Gesetzes«.

Geduld mit sich selbst wird nicht zuletzt notwendig, wenn wir schuldig werden. Mit Schuld zu leben und sie nicht zu verdrängen oder zu beschönigen, ist das Schwerste. Da hilft meistens nur das ständige Gebet: »Vergib uns unsere Schuld, wie auch wir vergeben unseren Schuldigern.« Das Zweite macht das Erste gewiss. Anklagen anderer und Selbstanklagen helfen nicht. Nur das Vertrauen, dass uns in Ewigkeit vergeben wird, macht, dass wir Geduld mit uns als Schuldbeladenen gewinnen. Dieses Gottvertrauen trägt unser Selbstvertrauen auch in der Schuld.

In der Geduld mit Kindern ist Hoffnung die Kraft der Geduld.

In der Geduld mit Demenzkranken und Sterbenden ist Liebe die Kraft der Geduld.

In der Geduld mit sich selbst ist Glaube die Kraft der Geduld.

Warum sind »Glaube – Liebe – Hoffnung« die Kräfte unserer Geduld in den genannten Beziehungen? Weil sie »bleiben«, wie Paulus 1 Kor 13,12 sagt. Warum

»bleiben« sie? Weil sie »übernatürliche Tugenden« sind und damit nicht der Vergänglichkeit unterliegen, wie Thomas von Aquin lehrte? Oder »bleiben« sie, weil sie bis in die neue Schöpfung reichen? Ich nehme eine eschatologische Deutung des Bleibens an: Aus dem Glauben an das Wort Gottes wird dann ein »Schauen von Angesicht zu Angesicht« werden. Aus der Hoffnung hier wird dann die große Freude werden. Aus dem geliebten und liebenden Leben hier wird das Leben in der Herrlichkeit Gottes werden. Glaube – Liebe – Hoffnung sind Antizipationen der Vollendung im Reich Gottes, darum »bleiben« sie. Ihnen eignet nicht ein »übernatürlicher Charakter«, sondern die perseverantia usque ad finem. Sie sind Resonanzen der Geduld Gottes und Vorzeichen seiner Hoffnung in unserem Leben.

II. GOTT DER HOFFNUNG – GOTT DER GEDULD

Paulus spricht in demselben Kapitel 15 des Römerbriefs von dem »Gott der Hoffnung« und dem »Gott der Geduld«. Er verbindet Hoffnung mit Freude und Geduld mit Trost:

> »Der Gott der Hoffnung erfülle euch
> mit aller Freude und Friede ...« (Röm 15,13)

> »Der Gott der Geduld aber und des Trostes gebe euch,
> dass ihr einträchtig gesinnt seid untereinander ...« (Röm 15,5)

1. Der Gott der Hoffnung[5]

Das ist einzigartig: Den »Gott der Hoffnung« gibt es nur im Judentum und Christentum. Nirgendwo sonst in der Welt der Religionen wird Gott mit der Hoffnung der Menschen auf ihre und der Welt Zukunft verbunden.

Einen Gott, der von Ewigkeit zu Ewigkeit im Himmel thront und zeitlos und absolut ist, kann man sich selbst denken. Aber einen »Gott der Hoffnung«, der vor uns ist und uns in der Geschichte vorangeht, gibt es nur bei den Propheten und Aposteln der Bibel. In der Offenbarung wird dieser Gott als der da »ist« und der da »war« und der da »kommt« bezeichnet (1,4). Man erwartet, dass es im dritten Glied heißt: »der da sein wird«, aber das Werden der Zeiten wird durch das »Kommen Gottes« ersetzt. Der kommende Gott wird Himmel und Erde mit seiner Herrlichkeit wie ein Sonnenaufgang am Morgen erfüllen (Jes 60,1f.). Der »Herr« Israels und Jesu Christi ist schon in dem »weiten Raum« der Zukunft und lockt durch das prophetische Wort des Evangeliums die Seinen in die Fülle seines Lebens. Die »Kräfte der zukünftigen Welt« (Hebr 6,5) strömen schon in die Hoffenden ein und machen sie an Leib und Seele lebendig.

Das ist der Gott des Exodus Israels aus der Gefangenschaft in das verheißene Land der Freiheit. Er zieht als »der Herr« seinem Volk auf der langen Wüstenwanderung in der Wolkensäule bei Tage und der Feuersäule bei Nacht voran.

Das ist der Gott der Auferstehung Jesu Christi. Er führt die Seinen im Feuer und Sturmwind des Heiligen Geistes in das Reich Gottes und erweckt sie schon hier zu neuem Leben.

Dieser Gott kommt uns aus seiner Zukunft entgegen. Im verheißenen Land der Freiheit will er bei seinem Volk »wohnen«. In der Neuschöpfung aller Dinge will er bei allen Menschen »wohnen«. Seine »Einwohnung« (Schechina) ist sein Ziel und die Zukunft seiner Schöpfung. Wie der Schöpfungssabbat die Vollendung der Schöpfung im Anfang war, so wird der Weltensabbat das Ziel der Weltgeschichte sein.

Wer sich darauf einlässt und das erwartet, dem öffnen sich in seiner Lebensgeschichte immer neue Perspektiven und Horizonte, denn wir werden neugierig und erkunden die Zukunft mit dem Sinn für Möglichkeiten. Wir sind bereit, aufzubrechen und von Neuem anzufangen, denn wir wissen: Wir werden erwartet. Aber der »Gott der Hoffnung« ist nicht nur der »Herr« unserer menschlichen Hoffnungen, wir Menschen sind auch der Grund seiner Hoffnung. Wir erwarten und werden erwartet: Gott ist unsere Hoffnung vom Himmel her und wir sind Gottes Hoffnung in seiner Erde.[6]

Christusglaube ist ganz und gar zuversichtliche Hoffnung (Hebr 11,1), Ausrichtung nach vorn und ein Leben in der Erwartung des kommenden Gottes. Zukunft ist nicht etwas Zusätzliches am Christentum, sondern das Element seines Glaubens, der Ton, auf den seine Lieder gestimmt sind, die Farben der Morgenröte, mit denen seine Ikonen gemalt werden. Denn Glaube ist dann Christusglaube, wenn er Osterfreude ist. Glaube heißt, in der Gegenwart des auferstandenen Christus zu leben und sich nach seinem kommenden Reich »wie im Himmel so auf Erden« auszustrecken.

Mit dieser Erwartung machen wir die alltäglichen Erfahrungen des Lebens, erleben wir das Glück und den Kummer. Wir warten und schreiten voran, wir hoffen und dulden, wir beten und wachen, denn wir wissen: Wir werden erwartet an jedem neuen Morgen, in jedem neuen Jahr und wenn wir sterben, sind wir der Auferweckung am Morgen des ewigen Lebens gewiss. Immer wenn ich am Morgen für den »neuen Tag« danke, durchzuckt mich das Wort »neu«: Das Leben beginnt neu und du wirst von Neuem geboren: Steh auf und lebe!

2. Der Gott der Geduld

Der ist auch einzigartig: Ein Gott, der Geduld mit uns hat, ist ein Gott, der uns trägt. Wer uns trägt, mag uns im doppelten Sinne »leiden«. Er erträgt auch unsere Widersprüche, er trägt die Sünden unserer Welt und auch die Leiden dieser Welt, weil er uns liebt. Ein Gott der Geduld ist, philosophisch gesprochen, das hypokeimenon, das Zugrundeliegende, das Auffangende und alle Dinge Tragende.

Ein Gott, der Geduld mit uns hat und von dessen Geduld alle seine Geschöpfe leben, ist ein »leidender Gott«. »Nur der leidende Gott kann helfen«, schrieb Dietrich Bonhoeffer in seiner Gefängniszelle.[7] Das deutet für mich auf den »gekreuzigten Gott« hin, den wir in jeder christlichen Kirche treffen.[8] Nur ein Gott, dem unsere Leiden nicht fremd sind, kann den Leidenden nahe sein. Ein Gott, der leidensunfähig wäre, könnte die leidenden Menschen nicht einmal verstehen. Jede Mutter, die über ihr krankes Kind weint, wäre stärker als eine gefühllose Gottheit, denn sie kennt die Liebe und den Kummer der Liebe.

3. Wie hilft der »Gott der Geduld«?

Wir kommen noch einmal auf den Exodus Israels und auf seine lange Wüstenwanderung zurück. Der Gott, der Israel aus der Gefangenschaft führt, ist nicht nur der »Herr« der Hoffnung, der seinem Volk vorangeht, sondern auch ein Gott der Geduld, der sein wankelmütiges Volk wie ein Knecht trägt. So hat Israel in der Wüste an sich selbst Gottes Macht erfahren, nicht als Allmacht von oben, sondern als Geborgenheit von unten: »Ihr habt gesehen, wie ich euch auf Adlersflügeln getragen und zu mir gebracht habe«. (2 Mos 19,4) Ich habe dabei auch den schwedischen Nils Holgerson gesehen, der sich auf einer Wildgans in die Lüfte schwingt.

Welche Bilder werden für den tragenden Gott verwendet?

Zuerst ein weibliches Bild:

> »Trag es in den Armen, wie eine Mutter ihr Kind trägt, in das Land, das du ihren Vätern versprochen hast.« (4 Mos 11,12)

Dann ein männliches Bild:

> »Du hast gesehen, wie der Herr, dein Gott, dich getragen hat, wie ein Mann seinen Sohn trägt, durch alle Wege, die ihr gewandert seid, bis ihr an diesen Ort gekommen seid.« (5 Mos 1,31)

Auf einen Gott, der trägt, kann man sich im wörtlichen Sinn verlassen, man kann sich aus der eigenen Hand lassen und sich ihm anvertrauen. Das ist nach dem Propheten Jesaja auch ein persönlicher Trost:

> »Ja, ich will euch tragen bis ins hohe Alter
> und bis ihr grau werdet. Ich will es tun,
> ich will heben und tragen und erretten.« (Jes 46,3)

Die Offenbarung dieses geduldigen, tragenden und durch sein Leiden rettenden Gottes finden wir im gekreuzigten Christus mit den ausgestreckten Armen. Zu ihm rufen wir im Gottesdienst:

> »Der du trägst die Sünd' der Welt,
> erbarm dich unser.«

Zu ihm können wir auch rufen:

> »Der du trägst das Leid der Welt,
> erbarm dich unser.«

Denn er »trägt« unsere Krankheiten und »lädt auf sich« unsere Schmerzen, wie Jesaja vom »leidenden Gottesknecht« sagt (53,4). Moses war der führende Gottesknecht, der geheimnisvolle Schmerzensmann des Propheten Jesaja ist der tragende Gottesknecht. Nicht durch seine wunderbare Macht, sondern »durch seine Wunden sind wir geheilt« (53,4). Die frühen Christusbilder, die wir aus Katakomben in Rom kennen, zeigen Christus als den guten Hirten, der das verlorene Schaf auf seinen Schultern nach Hause trägt.

Was sagen diese Bilder über Gott selbst aus?

Wir sind zwar gewohnt, uns den allmächtigen Gott wie einen Monarchen auf seinem Thron im Himmel vorzustellen, der von oben her herrscht, wie es ihm gefällt. Doch der Blick in diese Bilder zeigt uns einen anderen: Der Herr Israels und Jesu Christi ist ein »Gott der Geduld und des Trostes«, ein tragender und leidensfähiger, weil ein liebender Gott. Seine Macht ist die Kraft der Geduld, denn er ist der Herr der Zeit. Der tragende Gott der Bibel gleicht weniger dem launigen Göttervater Zeus, als vielmehr dem treuen Atlas, der den ganzen Kosmos auf seinen geduldigen Schultern trägt.

»Er trägt alle Dinge mit seinem kräftigen Wort«, sagt der Hebräerbrief (1,3). Darum sind der leidende Gottesknecht und der gekreuzigte Christus auch die Offenbarung des Schöpfers und ihres Erhalters. Das hat Martin Luther in seinen Liedversen besungen:

> »Er äußert sich all seiner G'walt,
> wird niedrig und gering

und nimmt an eines Knechts Gestalt,
der Schöpfer aller Ding.« (EG 27,3)

»Den aller Welt Kreis nie beschloss,
der liegt in Marien Schoß;
er ist ein Kindlein worden klein,
der alle Ding erhält allein.« (EG 23,3)

William H. Vanstone hat das in seiner »Hymne auf den Schöpfer« so ausgedrückt:

»Thou art God, no monarch Thou
Thron'd in easy state to reign.
Thou art God, whose arms of love
Aching, spent, the world sustain.«[9]

Welches Licht fällt von der Selbstentäußerung Christi auf die Schöpfung und ihre Erhaltung? Ist die Schöpfung einer nichtgöttlichen Welt und ihre Bewahrung vor der Vernichtung schon eine Selbstentäußerung Gottes?

Wir sind es gewohnt, Schöpfung als einen Akt Gottes »nach außen« anzusehen. Was geht aber im Inneren Gottes diesem Akt voraus? Bevor Gott eine nichtgöttliche Welt schafft, bestimmt er sich selbst zum Schöpfer dieser Welt: Gott »entscheidet sich«. In dieser Selbstbestimmung liegt auch eine Selbstbegrenzung: Aus der Fülle seiner Möglichkeiten wählt Gott diese Welt und verzichtet auf andere Möglichkeiten. Das ist schon eine Selbstentäußerung.

Mit der Schöpfung aller Dinge ist eine weitere Selbstentäußerung verbunden: Der Schöpfer lässt seinen Geschöpfen Zeit und Raum und Bewegungsfreiheit: Er nimmt sich zurück, um seinen Geschöpfen Freiheit einzuräumen. Insofern ist mit der Schöpfung eine Selbstzurücknahme des Schöpfers verbunden. Das ist die kabbalistische Lehre von »Zimzum«, die Isaak Luria im 12. Jahrhundert aufgestellt hat.[10] Der christliche Theologe Emil Brunner sieht in der Schöpfung dieser Welt schon die Anlage Gottes zur Offenbarung im gekreuzigten Christus:

> »Das heißt aber, Gott will den Raum des Seins nicht allein einnehmen, er will anderem seinen Platz schaffen. Indem er das tut, begrenzt er sich ... Die Kenosis, die im Kreuz Christi ihren Höhepunkt erreicht, beginnt schon mit der Weltschöpfung.«[11]

4. Ist das Menschengeschlecht eine missglückte Schöpfung Gottes?[12]

Das fragten die Weisen in Israel sich schon vor dreitausend Jahren. Heute stehen wir vor einer »Selbstabschaffung« der Menschheit durch Zerstörung ihres Lebensraums Erde. Keine Tierrasse zerstört ihren eigenen Lebensraum. Ist das Menschengeschlecht eine Fehlentwicklung der Evolution des Lebens? Die Schöpfung der Menschen ist missglückt:

> »Als aber der Herr sah, dass der Menschen Bosheit groß war auf Erden ..., da reute es ihn, dass er die Menschen gemacht hatte auf Erden, und es bekümmerte ihn in seinem Herzen.« (1 Mos 6,6)

Er beschloss, die Menschheit durch die Sintflut zu vernichten. Doch Noah fand Gnade in seinen Augen und Gott begann mit dem Noahbund eine neue Menschheit. Trotz seiner »Reue« über seine missglückte Schöpfung der Menschen bleibt Gott seinem Schöpfungsratschluss »treu« und muss hinfort die Bosheit der Menschen ertragen.[13] Das haben Ausleger den »Schmerz Gottes« genannt. In der Ertragung seiner Reue durch seine Treue wird der Schöpfer der Menschheit zu einem »gekreuzigten Schöpfer«. Um seiner Treue willen hat der Schöpfer Geduld mit dem boshaften Menschengeschlecht und erleidet ihre Sünden. Es ist aufgrund der leidenden Geduld Gottes, »dass es mit uns noch nicht gar aus ist«, wie es in den Klageliedern Jeremias (3,22) heißt. Dass wir noch Zeit haben und Freiräume sich öffnen, verdanken wir der leidenden Geduld unseres Schöpfers und unserer Mitgeschöpfe. In der Tiefe seiner Geduld steckt die durchhaltende Hoffnung Gottes auf eine menschliche Menschheit, die ihre Bestimmung und ihr Maß findet:

> »Denn er lässt seine Sonne aufgehen über Böse und Gute und lässt regnen über Gerechte und Ungerechte.« (Matth 5,45)

III. DIE GEDULD CHRISTI

In den neutestamentlichen Schriften, die stark von der Hoffnung auf die Zukunft Christi bestimmt sind, findet sich auch das seltsame Wort von der »Geduld Christi«. Das sind die Offenbarung und der Hebräerbrief. Der Seher Johannes bezeichnet sich selbst als den »Bruder und Mitgenossen an der Bedrängnis und am Reich und an der Geduld in Jesus« (1,9) und rühmt das »Wort von der Geduld«. Der Hebräerbrief ermahnt »die Hebräer«, die »Hoffnung festzuhalten bis ans Ende« und setzt »Glauben und Geduld« gleich (6,11 f.). Für den Apostel Paulus ist Hoffnung das »Warten mit Geduld« auf die Erfüllung des von Gott Verheißenen:

> »Wenn wir aber auf das hoffen, was wir nicht sehen, so warten wir darauf mit Geduld.« (Röm 8,25)

Die inneren und äußeren »Bedrängnisse«, die der auf Hoffnung hin Glaubende erleidet, lehren ihn Geduld. Sein Glaube bewährt sich in der Bedrängnis und stärkt seine Hoffnung (Röm 5,1–5). Die »Bedrängnisse«, die die Glaubenden um ihrer Hoffnung willen erleiden, bringen sie in die »Schmach Christi« (Hebr 11,26) und die »Leiden Christi« (2 Kor 1,3.7; 1 Petr 5,1). Sie werden dem leidenden, angefochtenen und misshandelten Jesus gleichgestaltet. Darin lernen sie die »Geduld Christi«.

Christi Geduld wird von Gethsemane bis Golgatha offenbar. Die »Geduld Christi« ist auch die Beharrlichkeit der Hoffenden in der »Bedrängnis«. Man versteht diese Gemeinschaft in der Geduld zwischen Christus und den Christen nur, wenn man den christlichen Glauben nicht nur als eine Erkenntnis und nicht nur als ein Vertrauen des Herzens, sondern als Lebensgemeinschaft mit Christus versteht. Calvin hat sie als communio cum Christo bezeichnet. Sie umfasst Christi Gemeinschaft mit uns und unsere Gemeinschaft mit Christus sowie unsere Gemeinschaft in Christus untereinander. Durch die Bedrängnisse, die als »Leiden Christi« gedeutet werden, werden die im Glauben geduldig Ausharrenden Christus gleichförmig und Christus gewinnt Gestalt in ihnen.[14]

Wir wollen sehen, worin diese »Bedrängnis« oder »Trübsal« besteht, wie Luther übersetzt, weil die Bedrängnis auch die Seele »betrübt«, wenn wir die Passionsgeschichte Christi auch als Verfolgungsgeschichten und Anfechtungsgeschichten der Glaubenden lesen. Dann sind die Passionsgeschichten Christi nach den Synoptikern nicht nur Erzählungen vom Leiden und Sterben Jesu, sondern auch Spiegelungen der Bedrängnisse und Leiden der Nachfolger Christi. Je mehr sie ihre Leiden als »Leiden Christi« verstehen, desto mehr Trost finden sie in der »Geduld Christi«:

> »Gleich wie wir der Leiden Christi viel haben, so werden wir auch reichlich getröstet durch Christus.« (2 Kor 1,5)

- Das zeigt sich darin, dass Christus durch seine Versuchungen und Ängste denen hilft, die bedrängt werden und aufgeben wollen:

> »Denn worin er selbst gelitten hat und versucht worden ist, kann er helfen denen, die versucht werden.« (Hebr 2,18)

Paul Gerhardt hat daraus den tröstlichen Vers gedichtet:

> »Wenn mir am allerbängsten
> wird um das Herze sein,
> dann reiß' mich aus den Ängsten
> kraft deiner Angst und Pein.« (EG 85,9)

- Das zeigt sich auch darin, dass nach Lukas 22,32 Jesus zu Simon Petrus vor dessen Verleugnungen sagt:

  > »Simon, der Satan hat begehrt, euch zu sieben wie den Weizen. Ich aber habe für dich gebeten, dass dein Glaube nicht aufhöre.«

Das war für Calvin und die Hugenotten eine Kraft zur Perseveranz des Glaubens in den Verfolgungen: Der Glaube ist unverlierbar, denn Gott ist treu und lässt dich nicht fallen; denn Christus hat für dich gebetet, dein Glaube wird nicht aufhören; denn das Samenkorn des Heiligen Geistes in deiner Seele ist unzerstörbar.

- Das zeigt sich vor allem in der Gethsemaneszene von der Angst Christi: Die »Angst Christi« ist theologisch nicht weiter bedacht worden, sie ist aber in den Passionsliedern ständig präsent.[15] Das ist der angefochtene Christus, der in unseren Anfechtungen bei uns ist, weil er sie selbst erlitten hat. Das sind nicht nur die natürlichen Todesängste und die sozialen Ängste vor der »Schmach«, sondern auch die Gethsemaneangst vor der »Macht der Finsternis« (Luk 22,53). Dieses Leiden an Gott ist die tiefste Qual in den »Leiden Christi«, es ist die

Gottesfinsternis, in der alle Verlassenheitsängste gipfeln. Darum ist Christi »Seele betrübt bis an den Tod« (Matth 26,38). Das ist »der Kelch«, um dessen Vermeidung er Gott, seinen »Vater«, vergebens bittet. Weil Jesus diese Gottverlassenheit in seinen Leiden erduldet hat, kann er denen beistehen, die von Gott verlassen sind.

Die Gethsemaneszene zeigt schlafende Jünger und einen im Gebet wachenden Christus. Das Gethsemanegebet geht weiter: »Könnt ihr nicht eine Stunde mit mir wachen?«, diese Frage Christi hören die Glaubenden in den »Leiden Christi«, die über sie gehen.[16] Das Beten und Wachen bewahrt sie vor der »Anfechtung« durch die Gottesfinsternis. Beten und Wachen stärkt die Geduld, mit der sie auf den neuen Morgen Christi warten. »Christen stehen bei Gott in seinem Leiden«, hatte Dietrich Bonhoeffer das genannt.

> »Wir tragen allezeit das Sterben Jesu an unserem Leibe, damit auch das Leben Jesu an unserem Leibe offenbar werde. Denn wir, die wir leben, werden immerdar in den Tod gegeben, damit das Leben Jesu offenbar werde an unserem sterblichen Fleisch. So ist nun der Tod mächtig in uns, aber das Leben in euch.« (2 Kor 4,10–12)

Paulus beschreibt hier »das Sterben Jesu« als das aktive Leiden, das die Glaubenden mit Jesus teilen: Spott, Verfolgung, Ausschluss, Gefängnis, Folter und Martyrium. Wer an diesem Sterben Jesu teilnimmt, an dem wird auch das Auferstehungsleben Jesu offenbar. Das gilt auch in den Beziehungen der Stellvertretung: Der Tod in uns – das Leben in euch! Indem »wir« das Sterben Jesu »tragen«, nehmen wir an der

Geduld Christi teil, und diese ist nach der Erfahrung des Apostels Paulus unbesiegbar, weil sie von der Auferstehungshoffnung getragen wird.

> »Wir sind von allen Seiten bedrängt,
> aber wir ängstigen uns nicht.
> Uns ist bange,
> aber wir verzagen nicht.« (2 Kor 4,8)

Die Kunst des Hoffens zeigt sich in der Geduld. Geduld aber setzt Freiheit von der Angst der Vergänglichkeit und von der Todesangst voraus. In der Geduld der Hoffnung kommt die Kraft der Auferstehung irdisch und leiblich zum Vorschein.

IV. DER GEDULDIGE MENSCH

Geduld heißt nicht nur bei Gott, sondern auch bei Menschen Warten, Wachsenlassen, sich zurücknehmen und loslassen, um anderem Leben Platz zu machen und Zeit zu lassen, um es frei zu setzen. Das schafft nur die Liebe: »Sie ist langmütig und geduldig … sie erträgt alles, sie hofft alles, sie duldet alles.« (1 Kor 13,4–7) Geduld setzt auch die Kraft zum Widerstehen voraus, zum Widerstand gegen die Widersacher und noch mehr zum Widerstand gegen die Selbstauflösung. Es gibt auch ein Dulden, das in Selbstzerstörung endet.

Geduld hat »alle Zeit dieser Welt«; Ungeduld hat demgegenüber keine Zeit. Ungeduld ist »die Unfähigkeit, die Vorläufigkeit irgendeines Zustands zu ertragen« (Gustav Radbruch). Ungeduld drängt auf die Vollendung und bereitet oft genug den Abbruch der Vorläufigkeiten vor. Geduld gewinnt den Sieg über die Zeit und ist ein Abglanz der Ewigkeit, weil sie keine Angst hat, »Zeit zu verlieren«. So ist der Geduldige dem Ungeduldigen überlegen, weil er die Zeit hat, die der Ungeduldige nicht meint haben zu können. Der Ungeduldige steht unter »Zeitnot«, darum wird er gewaltsam, um das Erwartete zu erzwingen. Die »Geduldsfäden« sind so lang wie die Zeit, die man sich lässt, im Idealfall sind sie lang wie die Ewigkeit, aber das ist nur die »Engelsgeduld«.

Gibt es auch eine Geduld mit Gott?

Wir wollen das an dem sprichwörtlichen »Dulder Hiob« und an dem Schmerzensmann Jesus darstellen: Ecce homo – seht, der Mensch!

1. Hiobs Geduld mit Gott

Im Lehrgedicht Hiob geht es um die Frage, ob ein wahrhaft Glaubender Gott »umsonst fürchtet« (1,9) oder Gott absagen und ihn verfluchen wird, wenn ihm alles genommen wird, was ihm lieb war (1,11). Als Hiob alles genommen wurde, was er liebte und was er besaß, bekannte er: »Nackt bin ich von meiner Mutter Leib gekommen, nackt werde ich auch wieder dahin fahren.« Und er lobte Gott:

> »Der Herr hat es gegeben,
> der Herr hat es genommen,
> der Name des Herrn sei gelobt.« (1,21)

Damit widerspricht er seiner atheistischen Frau, die ihm rät:

> »Sage Gott ab und stirb.« (2,9)

Hiob verflucht den Tag seiner Geburt: »Warum bin ich nicht gestorben am Tag meiner Geburt?« (3,11) Er verflucht auch sich selbst: »Oh, hätte ich nie gelebt.« Aber er verflucht nicht seinen Gott. Er hält an dem Gott fest, der ihm alles genommen hat. Er hat Geduld mit Gott. Damit hält er die Theodizeefrage offen: Wenn es Gott gibt, warum alle diese Leiden? Hätte er auf seine Frau gehört und Gott abgesagt, dann gäbe es diese Warum-Fragen nicht. Auch der moderne Atheist, der sagt: die einfachste Antwort auf die Theodizeefrage ist, dass es Gott gar nicht gibt, gibt auf die Frage des Leidens keine Antwort und lässt die Leidenden allein. Hiob hält an Gott fest um Gottes willen. Er glaubt Gott

»umsonst«. Sein Gottesglaube hat ihm nichts erspart: Er hat im doppelten Sinn »umsonst« an Gott geglaubt. Er glaubt »umsonst« allein um Gottes willen an Gott und um nichts sonst. Sein Leiden an Gott lässt ihn alle Tröstungen seiner Freunde abweisen. Gott selbst muss auf die Gottesklage Hiobs antworten. Darum hat Hiob Geduld mit Gott, und Gott achtet die Gottesklage Hiobs und gibt Hiob recht. Gott antwortet endlich mit der ganzen schrecklichen Schönheit seiner Schöpfung (Kap. 38–40), und Hiob stirbt im Alter von 140 Jahren »alt und lebenssatt« (42,17), wie Luther übersetzt.

Im Neuen Testament rühmt der Jakobusbrief (5,7–12) die »Geduld Hiobs« und ihr Ende in der Barmherzigkeit Gottes. Mit Hiobs Vorbild wird die Geduld der Christen mit dem kommenden Christus gestärkt: »So seid nun geduldig, liebe Brüder, bis zum Kommen des Herrn« (5,7), denn »das Kommen des Herrn ist nahe« (5,8). Geduld mit Gott – Geduld mit Christus, das gelingt nur in der Hoffnung auf Gott und in der gefühlten »Nähe« des kommenden Christus. »Er ist im Kommen« hieß es in Bad Boll zu Blumhardts Zeiten. Es ist eine prophetische ungeduldige Geduld, eine »brennende Geduld« wie Antonio Skarmera seinen Roman über Pablo Neruda genannt hat.

Pablo Neruda zitiert Rimbaud: »Nur mit brennender Geduld werden wir die strahlende Stadt erobern, die allen Menschen Licht, Gerechtigkeit und Würde schenken wird.«

Es ist eine gezügelte Ungeduld und eine die Zukunft Christi bedrängende Geduld, die die Hoffenden »Warten und Eilen« (2 Petr 3,12) lässt. Das »Warten« macht es heute, dass man sich mit nichts zufrieden gibt als mit dem Reich, der Gerechtigkeit und dem Frieden des kommenden Christus und allen Erfüllungen dieser Welt widersteht. Das »Eilen« macht es, dass man die Chancen ergreift und vorwegnimmt, was Christus an seinem Tag erfüllen wird. »Warten und Pressieren«, wie Christoph Blumhardt die Inschrift über dem Haus in Bad Boll interpretierte, das verstehe ich heute als Widerstehen und Antizipieren.[17]

2. Die Geduld Christi mit Gott

Ecce homo: Erst seit dem hohen Mittelalter gibt es die figürliche Darstellung des gekreuzigten Christus: der crucifixus. Besonders eindrücklich ist der Gekreuzigte auf dem Isenheimer Altar von Matthias Grünewald. Ihm entspricht das ergreifende Passionslied: »O Haupt voll Blut und Wunden ...« Beide sind Deutungen des gekreuzigten Christus nach dem Bild des leidenden Gottesknechtes von Jesaja 53, »der unsere Krankheiten trug und auf sich lud unsere Schmerzen«. Der »Schmerzensmann« hat eine zweifache Wirkung auf die Betrachter: Sie nehmen durch ihr Mitleid an seinen Leiden teil, und sie sehen in ihm ihre Leiden getragen. Auf Marias liebevollem Gesicht, der Schmerzensmutter, spiegeln sich die Leiden ihres Sohnes wider: Stabat Mater.

Wie ist es zur »Geduld« Christi in seiner Passion gekommen?

Die Szene im Garten Gethsemane ist die synoptische Deutung dessen, was auf Golgatha zwischen Jesus, den Gott in der Taufe »meinen geliebten Sohn« nennt, und Gott, den Jesus hier mit »Abba, lieber Vater« anredet, geschehen ist. Wir nehmen das Markusevangelium: Jesus beginnt zu beten, doch dann sagt er zu Petrus, Jakobus und Johannes: »Meine Seele ist betrübt bis in den Tod« (14,34) und beginnt »zu zittern und zu zagen«. Er weiß, was auf ihn zukommt, nicht das Reich Gottes, sondern der Tod durch gottlose Menschen und Mächte. Trotzdem bittet er: »Nimm diesen Kelch von mir«, aber dann entscheidet er: »Nicht mein Wille, sondern dein Wille geschehe.« Es ist beachtlich, dass hier der Sohn die Entscheidung fällt, nicht der Vater. Die wahre Passion Christi beginnt mit seinem nichterhörten Gebet in Gethsemane. Jesus hätte seinem Gott absagen und den verfluchen können, der ihn in diese qualvolle Lage gebracht hat. Er hält dennoch an Gott fest, und Gott schweigt, wenn dann »des Menschen Sohn in die Hände der Sünder überantwortet wird« (14,41). Er geht nach dem Willen seines Vaters in die »Macht der Finsternis« hinein und erleidet die Gottverlassenheit am Kreuz: »Mein Gott, warum hast du mich verlassen?« (15,34). Sein Leiden an Gott ist getragen von seiner tiefen Geduld mit Gott. Und über den gekreuzigten Jesus, der so starb, sagt der Hauptmann des Hinrichtungskommandos: Ecce homo: »Wahrlich, dieser Mensch ist Gottes Sohn gewesen« (15,39).

Es ist erschreckend und erstaunlich, dass im Zentrum der Christusgeschichte diese Passionsgeschichte und im Zentrum dieser Passionsgeschichte diese Szenen von Gethsemane und Golgatha stehen. Es sind keine Heldengeschichten. Zwar haben die Nachfolger Christi »ihr Kreuz auf sich genommen« und sich an der Geduld Jesu orientiert: Er ließ sich widerstandslos gefangen nehmen, er untersagte jede Gewalt, er nahm das Todesurteil zur Kenntnis, trug sein eigenes Kreuz und er vergab seinen Feinden: »Vater, vergib ihnen, denn sie wissen nicht, was sie tun.« (Luk 23,34) Aber es steckt auch Einmaliges und Nichtwiederholbares in der Auseinandersetzung Jesu mit seinem Gott, und das ist sein Gang in die »Finsternis« der Gottverlassenheit. Das ist mehr als Geduld, das ist eine einzigartige Hingabe Jesu »für uns«, um bei uns zu sein, wenn die Mächte der Finsternis über uns kommen, und sie für uns zu überwinden. Paulus hat das erkannt in seinem großen Glaubenslied Röm 8,31–39:

> »Ist Gott für uns, wer kann wider uns sein?
> Der auch seines eigenen Sohnes nicht verschont hat,
> sondern hat ihn für uns alle dahingegeben,
> wie sollte er uns mit ihm nicht alles schenken?«

Diese Hingabe des Sohnes durch den Vater und diese Selbsthingabe des Sohnes ist unsere Erlösung aus dem Machtbereich der Finsternis und also die größte Liebe, die Gott uns Finsterlingen erweisen kann. Das nennt Paulus mit den Aposteln die »Liebe Gottes und die Geduld Jesu Christi« (1 Thess 3,5). Es ist eine Liebe, die durch die Leiden und den Tod Christi geht und damit alles Gottlose und Gottverlassene überwindet und unüberwindlich wird. Im Blick auf diese Hingabe Christi für uns werden unsere Leiden mit Christus erträglich und tragbar.

3. Erfahrungen des Lebens in der Geduld Gottes

Nachdem wir die Geduld Gottes, der sein Volk trägt und erträgt, beschrieben haben, wollen wir die andere

Seite erkennen: Wie wird das Leben erfahren, das in der Geduld Gottes geführt wird?

Wir nehmen die Geduld der Liebe und die Geduld der Hoffnung als Rahmen für das gelebte Leben. Wenn wir nur von der »Geduld Gottes« sprechen würden, würden wir Menschen dastehen als die »Geduldeten Gottes«. Wenn wir nur vom Tragen Gottes ausgehen würden, dann sind wir Menschen die »Ertragenen Gottes«, an der Grenze zur Unerträglichkeit. Das sind keine positiven Aussichten.

Doch wenn wir von der Geduld der Liebe Gottes ausgehen, dann sind wir »geliebt bei Gott« und singen: »was kann mir tun der Feinde und Widersacher Rott ...« Hat Gott in seiner Liebe Geduld mit uns, dann haben wir den Eindruck, dass Gott uns etwas zutraut und dass Gott uns Zeit lässt, es zu erfüllen.

Umgibt Gott uns mit der Geduld der Hoffnung, dann gewinnen wir den Eindruck, dass er uns erwartet. Wir sind bei Gott nicht »Geduldete«, sondern Erwartete. Gott wartet nicht nur in seiner Hoffnung auf uns, sondern erwartet uns mit Freuden wie der Vater seinen verlorenen Sohn: Wir sind zum göttlichen Gastmahl erwartet. Zu leben in der göttlichen Geduld der Hoffnung, heißt zu leben in der Vor-freude. Dann bekommt die Vorläufigkeit der zeitlichen Situationen den positiven Sinn der vorlaufenden Zukunft und nicht der Vergänglichkeit.

Leben wir in der Zeit der Geduld Gottes, dann wird uns dieses Leben unendlich wertvoll und wir gehen aufmerksam und liebevoll damit um. Durch unsere Gottlosigkeiten fügen wir dem mit uns geduldigen Gott Schmerzen zu. Durch unsere Resonanzen auf die Melodie seiner Geduld loben wir Gott und sind uns bewusst, Gott freut sich mit uns und an uns. Das ist die Heiligung dieses Lebens, dass es entspricht dem heiligen Gott.

Leben wir im Einklang mit der Geduld Gottes, dann haben wir kein Identitätsproblem, wir ziehen »fröhlich unsere Straße«, wie der Kämmerer aus dem Morgenland (Apg 8,39). Leben wir im Missklang mit der Geduld Gottes, dann wissen wir nicht mehr, wer wir sind, und haben ein unlösbares Identitätsproblem. Wir werden uns selbst gelegentlich unerträglich und werden für andere unausstehlich. Verlassen wir uns auf die Treue des geduldigen Gottes, dann lassen wir uns aus der Hand und vertrauen unser Selbst, unsere Seele, in Gottes Hände. Wir wissen uns angenommen und nehmen uns selbst an »trotz aller Unannehmbarkeiten«, wie Paul Tillich hinzufügte.

4. Geduld mit Schwachen

Geduld fällt wie Barmherzigkeit aus dem Rahmen der Goldenen Regel. Sie ist einseitig, es gibt sie nicht auf Gegenseitigkeit, denn nicht die Gleichheit der Akteure, sondern ihre Ungleichheit bestimmen ihre Verhältnisse.

Die Goldene Regel sagt nach dem Matthäusevangelium 7,12:

> »Alles nun, was ihr wollt, dass euch die Leute tun sollen, das tut ihr ihnen auch.«

Nach Konfuzius gilt diese Regel auch negativ:

> »Was du nicht wünschst, dass man dir tu,
> das füg auch keinem anderen zu.«[18]

In einfachem Deutsch:

> »Wie du mir, so ich dir.«

In einfachem Englisch:

> »Tit for tat.«

Diese Goldene Regel ist nur eine Übersetzung des Vergeltungsgesetzes »Gutes soll mit Gutem, Böses mit Bösem vergolten werden«, dann ist der Ausgleich wiederhergestellt. Gegenseitigkeit ist ihre Grundlage. Die Voraussetzung für die Gegenseitigkeit ist die Gleichheit der Partner. Die meisten menschlichen Verhältnisse sind aber ungleiche Verhältnisse: Eltern – Kinder, Gesunde – Kranke, Starke – Schwache, Lehrer – Schüler usw. In diesen asymmetrischen Verhältnissen gilt die Goldene Regel nicht. Hier sind zuvorkommende Handlungen notwendig und sie geschehen ohne Aussicht auf Vergeltung oder Lohn. Sie sind nicht auf Gegenseitigkeit ausgerichtet. Zwar sagen Bayern, wenn sie Gutes nicht erwidern können: »Vergelt's Gott«, aber weder sie noch Gott müssen Gutes erwidern. Wer Geduld übt, tut es aus Liebe, nicht um eines Lohnes willen. Wer sich erbarmt, tut es, weil er sich spontan erbarmt wie der barmherzige Samariter. Barmherzigkeit muss nicht »vergolten« oder mit Dank bezahlt werden. Für Geduld bekommt man nichts zurück; für Erbarmen auch nicht. Die Liebe, die sich im Geduldigsein und im Erbarmen ausdrückt, ist sich selbst genug. Sie ist geduldig und barmherzig, weil sie liebt. In der Tautologie: Liebe liebt, Geduld ist geduldig, Barmherzigkeit erbarmt sich, steckt ihr göttliches Geheimnis, denn nur von Gott können wir sagen: »Gott ist Gott.« »Die Ros ist ohn' Warum, sie blühet, weil sie blühet«, dichtete Angelus Silesius. So sind auch Geduld und Erbarmen ohne Gründe in der Nutzen- und Zwecke-Kalkulation. Sie sind schöpferisch wie Gott im Anfang der Schöpfung: Sie schaffen Lebenszeit und Lebensraum und befreien zum eigenen Leben. Sie sind lebensnotwendig. Darum sind sie dem Tauschhandel der Goldenen Regel und dem ausgleichenden Vergeltungsgesetz überlegen.

5. Geduld mit Feinden

Das wird besonders an der Geduld mit Gegnern und Feinden deutlich, die die Feindesliebe erfordert.[19]

Der erste Schritt der Feindesliebe ist, sich Feindschaft nicht aufdrängen zu lassen. Wir werden nicht zu Feinden unserer Feinde. Wir reagieren auf Feindschaft nicht mit Feindschaft, sondern orientierten uns an Gott, »der seine Sonne aufgehen lässt über die Bösen und die Guten«, um allen Leben zu schenken (Mt 5,45 f.). Wir vergelten nicht, sondern versuchen, das Leben unserer »Feinde« zu schützen und zu fördern. Wir wollen nicht, dass die Selbstmordattentäter sich selbst töten oder von der Polizei getötet werden, sondern dass sie sich zum Leben bekehren und ihr Hass in Liebe verwandelt wird.

Der zweite Schritt führt zur Erkenntnis des anderen: »Liebe deinen Nächsten wie dich selbst«, wie

Martin Buber übersetzt: »denn er ist wie du«, und wie ich hinzufüge: und du bist wie er. Sich auf den anderen einzulassen heißt auch, den anderen in sich zu erkennen. Damit werden Feindbilder abgebaut. Feindbilder sind für die Feindschaft psychologisch notwendig: Wenn die Feinde »Untermenschen« oder »Ungläubige« sind, wird die natürliche menschliche Tötungshemmung abgebaut, das Töten kann beginnen. Das gehört zur psychologischen Kriegsführung. Darum ist es wichtig, sich im Feind und den Feind in sich zu erkennen, um die Feindbilder wenigstens in sich zu überwinden.

Der dritte Schritt ist es, Gründe für die Feindschaft der Feinde zu erkennen. Weil Aggressionen oft aus kollektiven Kränkungen entstehen, ist es hilfreich, auf die Leidensgeschichten feindlicher Menschen oder Völker einzugehen und mit ihnen Heilung kränkender Erinnerungen zu suchen.[20]

Während dieser drei Schritte gehört es zur Geduld der Feindesliebe, Bosheiten, Beleidigungen und Schläge der Feinde einzustecken und auszuhalten, ohne sie zu vergelten.[21] Das geht nur bis zu gewissen Graden, man muss sich nicht selbst zerstören lassen, denn dann wäre kein Subjekt für die Feindesliebe mehr da. Vielleicht ist es hilfreich, mit der einen Hand Feindseligkeiten abzuwehren, und mit der anderen Hand Freundschaft anzubieten. Feindesliebe ist keine »Gesinnungsethik«, wie Max Weber abfällig sagte, der den 1. Weltkrieg heroisch verherrlichte, sondern eine Verantwortungsethik: Wir übernehmen in ihr Verantwortung nicht nur für uns selbst und die Unsrigen, sondern auch für das Leben der Feinde und die Ihrigen. Feindesliebe ist dann intelligent, wenn sie schöpferische und einfallsreiche Initiativen für das gemeinsame Leben erweckt.

6. Vergeben statt vergelten

»Lass dich nicht vom Bösen überwinden«, schreibt Paulus mit Recht (Röm 12,24), auch nicht vom Bösen, mit dem Böses vergolten wird. Befreie dich von dem Bösen, das durch die Feindschaft, die du erfahren hast, in dich eingedrungen ist. Wo wir Feindschaft erfahren, kommt in uns Vergeltungsdrang und Rachsucht hoch. Das ist ganz natürlich. Niemand muss sich dafür schämen. In der Reflexion darauf stellt sich jedoch die Mahnung ein: Stell dich nicht auf die gleiche Ebene wie dein Feind. Wer Böses mit Bösem vergilt, bekommt zuletzt den Eindruck, auch nicht besser zu sein als der Feind. Wer den Beleidiger beleidigt, wer den Schläger schlägt, wer den Mörder ermordet, ist auch ein Beleidiger, ein Schläger und ein Mörder.

»Überwinde das Böse mit Gutem«, fährt Paulus im Sinne Jesu fort. Wenn wir unseren Feinden vergeben, statt ihnen zu vergelten, tun wir nicht nur ihnen, sondern auch uns selbst etwas Gutes: Wir überwinden das Böse, das in uns eingedrungen ist. Vergebung ermöglicht nicht nur Tätern die Umkehr von ihren bösen Wegen, sondern befreit auch die Opfer von Hass, Vergeltungssucht und Ohnmachtsgefühlen. Vergebung ist für beide eine Lossprechung von der Feindschaft. Vergebung befreit die Opfer von der Fixierung auf die Täter. Vergebung kann kein Zeichen von Schwäche sein und erst recht kein Akt der Unterwerfung, sondern muss Zeichen einer großen Souveränität gegenüber den erbärmlichen Knechten des Bösen sein. Wer souverän ist, reagiert nicht mehr, sondern macht den ersten Schritt auf den feindseligen Menschen zu. Wie das geht, kann man an Martin Luther King und aus seinem Brief aus dem Gefängnis in Birmingham, Alabama, lernen, in dem er die Nachkommen der afrikanischen Sklaven zum Mitleid mit den hasserfüllten, weil angstvollen Seelen der rassistischen Weißen aufrief, oder an Nelson Mandela, der nach mehr als 25 Jahren im Gefängnis auf Robben Island mit einer freien und souveränen Seele zurückkam und sein Land von den bösen Fesseln der Apartheid befreite, ohne Vergeltung, nur mit den Truth-Commissions von Desmond Tutu. Es gehört viel Geduld und Selbstüberwindung dazu, aber dann ist Vergebung von einem großen Gefühl der Befreiung begleitet.

V. WARTEN KÖNNEN

Geduld kann warten. Wer geduldig ist, kann warten und will warten, weil er etwas erwartet. Warten müssen ist im Gegenteil ein Abwarten wider Willen. Gefangene sind Abwartende, ihre Wärter be-wachen sie. Anders ist es in Restaurants: die »waiter« erwarten ihre Gäste und warten ihnen auf. Das Warten wird durchaus mehrdeutig verwendet: ein Ab-warten, ein Er-warten, ein Auf-warten. Eine gesteigerte Form des Erwartens ist das Wachen für das »gute Leben« und den »guten Tod«. Wir wollen in diesem Kapitel die Erwartungen im Leben und im Sterben herausarbeiten.[22]

1. Ab-warten

Das hat Samuel Becket im »Warten auf Godot« klassisch dargestellt. Die zwei Bettler Wladimir und Estragon warten, weil Bettler immer auf etwas warten. Sie warten auf Herrn Godot. Der kommt nicht. Sie wissen nicht, ob es ihn überhaupt gibt. Also warten sie vergebens. Ihr Warten auf Godot ist sinnlos, weil gegenstandslos. Es offenbart die Absurdität ihrer Existenz und aller menschlichen Erwartungen. Im Abwarten tun die zwei Bettler lauter absurde Dinge. Ihr Warten hat keinen Einfluss auf ihre Lebensgestaltungen. Ihr Leben wäre auch ohne das »Warten auf Godot« sinnlos. Das »Warten auf Godot« macht nur seine Sinnlosigkeit offenbar. Ihr Warten ist ohne bestimmtes Objekt und darum ziellos. Es hat keine Bedeutung für die Wartenden.

Er-warten

Die Erwartung eines Kindes ist für die Mutter bestimmt und objektbezogen. Darum ist es kein Ab-warten, sondern ein objektbezogenes und zeitlich auf neun Monate befristetes Er-warten. Der Embryo ist schon im Mutterleib gegenwärtig als gegenwärtige Zukunft. Seine Geburt ist zukünftige Gegenwart. Die Erwartung eines Kindes verändert das Leben der Frau: sie wird schwanger und Mutter; sie verändert das Leben des Mannes: er wird Vater; sie verändert das Leben der Geschwister: sie werden Bruder oder Schwester des zu erwartenden Kindes. Die Geburt eines Kindes erzeugt ein Erwartungsfeld in der Familie, das für das Leben eines Kindes wichtig ist: Sind sie erwünscht oder unerwünscht? Sind sie mit Freude erwartet, dann wachsen sie in eine Atmosphäre des Vertrauens und der Anerkennung hinein. Sind sie unerwünscht oder nur hingenommen, wird ihr Selbstvertrauen lebenslänglich niedrig sein.

Wachen

»Das Reich Gottes ist nahe herbeigekommen« (Luk 10,11; 21,31). »Der Herr ist nahe« (Phil 4,5). »Denn das Kommen des Herrn ist nahe« (Jak 5,8). Wir wollen auf dieses »nahe« eingehen. Wenn die Zukunft »nahe« ist, ragt sie schon in die Gegenwart hinein und kann eine gegenwärtige Zukunft genannt werden. Aber sie bleibt zeitlich und räumlich unbestimmt: »Zeit und Stunde weiß niemand« (Mt 25,18). Damit bringt diese Zukunft das Wachen in die Erwartung. Die Erwartenden stellen sich auf die Zukunft des Reiches Gottes oder des Herrn ein. Sie wachen und öffnen alle Sinne für diese Naherwartung. Das Gleichnis von den klugen und den törichten Jungfrauen zeigt das bildlich (Mt 25). Seid bereit: Diese »Nähe« kann nicht zeitlich bemessen werden so wie die Geburt eines Kindes. Wäre sie zeitlich datierbar, dann hätten wir ja noch Zeit, während »Nähe« das unmittelbar Bevorstehende meint. Sie kann auch nicht räumlich wie etwa »in Jerusalem« gemeint sein, dann wären da für die meisten Menschen noch Abstände. »Nähe« bedeutet auch: »Es geht mir nahe, es steht mir bevor.« Die »Nähe« befreit von anderem und übt zugleich einen Druck aus.

Diese Naherwartung des Herrn macht die Nachfolge Christi nach seiner Bergpredigt realistisch.

Diese Naherwartung des Reiches Gottes macht die Umkehr zur Zukunft und den Einsatz für Gerechtigkeit und Frieden realistisch. Wenn das Reich Gottes wirklich »nahe« ist, lohnt sich der Einsatz für das Recht der Unterdrückten und den Frieden der Verfolgten. Die Naherwartung des Reiches Gottes bringt eine Transformation in die Gegenwart und macht möglich, was sonst unmöglich erscheint. Diese Naherwartung erfüllt die Erwartenden mit Hoffnung.

Die Juden begrüßen sich zu Neujahr mit dem Wunsch: »Im nächsten Jahr in Jerusalem«. Die Christen sollten sich an Silvester mit dem Wunsch begrüßen: »Im nächsten Jahr im Reich Gottes«, um die urchristliche Naherwartung zu bewahren. Die Antwort sollte lauten: »… wie im Himmel so auf Erden«.

Ich fasse das unter dem Begriff des »Wachens« zusammen. Das Beten lernt man auch in den Psalmen des Alten Testaments, das Neue Testament bringt das Wachen in das Beten: Betet und wachet! Im Gebet sehen wir in die Welt Gottes, wachend erforschen wir die Möglichkeit der Ankunft des Reiches Gottes und sehen die »Zeichen und Wunder«, die es begleiten. Beten und Wachen zeichnet eine besondere Form der Geistesgegenwart aus. »Die Wachenden haben eine gemeinsame Welt«, sagt Heraklit, »während die Schlafenden in ihrer eigenen Traumwelt leben.« Das gilt im übertragenen Sinne für die Wachenden der Zukunft unter den mit sich selbst beschäftigten Zeitgenossen.

Versuch einer Klärung des Wartens

Hoffnung ist vorweggenommene Freude, Angst ist vorweggenommener Schrecken. Beide sind unbestimmt. Im Hoffen und in der Angst sind wir wach für das zukünftige Geschehen.

Erwarten bringt Bestimmtes in das Unbestimmte der Zukunft.

Warten kann Abwarten bedeuten. Dann tun wir nichts dazu, dass kommt, auf was wir warten.

Warten kann Erwarten bedeuten. Dann bestimmt die Zukunft schon die Gegenwart. Wir bereiten uns auf das Erwartete vor, und das Erwartete bestimmt unsere Gegenwart.

Warten kann auch Wachen bedeuten. Ich weiß nicht, wann es kommt, aber es ist schon »nahe« und so beginne ich, in der Nähe des Erwarteten zu leben und seine Nähe mit allen Sinnen zu erfahren. So entsteht ein Erwartungsfeld, in dem das Erwartete jederzeit eintreten kann.

2. Das gute Leben in den Kindern erwarten

Für mich sind Kinder aus drei Gründen menschgewordene Hoffnungen und Realverheißungen des lebendigen Gottes:

1. Jedes erwartete und geborene Kind stellt einen Neuanfang des Lebens dar, den wir nicht verstehen, aber bestaunen, weil er originell, einmalig und unvergleichlich ist. Darum fragen wir, wem das Kind ähnlich sieht, aber gerade wenn wir Vergleiche mit der Mutter oder dem Vater anstellen, stoßen wir auf das Eigene dieses Kindes. Jedes Kind ist mehr als ein »Familienzuwachs«. Wir respektieren den Neuanfang des Lebens, wenn wir dieses Kind lieben und ihm sein eigenes Leben zutrauen. Dafür müssen wir den Kindern ihre eigene Zukunft offen halten und uns kein Bild unserer eigenen Wünsche für die Kinder machen. Das Erwartungsfeld des Vertrauens und der Anerkennung, in dem sie aufwachsen, kann, wenn sie erwachsen werden, sie auch hemmen, sie selbst zu werden.

2. Mit jedem Neuanfang des Lebens gewinnt die Hoffnung auf die Fülle des Lebens eine neue Chance. »Das Leben geht weiter«, sagen wir. Aber wohin? Jedes Kind ist neuer Anlass zur Hoffnung auf die Heimat des Lebens in dieser gewalttätigen Welt. Das ist nach Ernst Bloch »die Heimat der Identität, die allen in die Kindheit scheint und worin noch niemand war«.[23] Die neuen Anfänge des Lebens weisen über sich hinaus in die Wiedergeburt zum ewigen Leben in der zukünftigen Welt Gottes. Jede glückliche Geburt eines Kindes bestätigt die Hoffnung auf den Sieg des Lebens über den Tod. Um es abstrakt zu formulieren: Die Natalität des Lebens ist seiner Mortalität überlegen. Hannah Arendt hat gegenüber ihrem Lehrer Martin Heidegger recht.[24] Das Dasein ist dem Nichtsein überlegen. Die Möglichkeit steht ontologisch höher als die Wirklichkeit. Zeitlich gesehen ist die Zukunft der Vergangenheit überlegen, denn Vergangenheit ist vergangene Zukunft.

3. Der letzte Grund, im kindlichen Lebensanfang eine Verheißung des ewigen Lebens zu sehen, liegt für mich darin, Kinder nicht nur als Verkörperungen unserer menschlichen Lebenshoffnung anzusehen, sondern auch als Verkörperungen der Hoffnung Gottes auf uns Menschen. Unsere Kinder sind von Gott gewollt und erwünscht, erwartet und angenommen. Menschen sind Gottes große Liebe und sein Traum für seine geliebte Erde. Dies kommt in der Menschwerdung Gottes in Christus zum Ausdruck. Menschen sind Gottes Ebenbild und sollen seiner Liebe und Gerech-

tigkeit entsprechen. Diese Hoffnung Gottes auf den gott-entsprechenden Menschen wird in der menschlichen Geschichte grausam enttäuscht. Es kann Gott sogar »gereuen«, dass Gott Menschen geschaffen hat (1 Mos 6,6). Doch wie die Sintflut-Noah-Geschichte sagt, bleibt Gott seinem Schöpfungsentschluss treu. Daraus ziehe ich den Schluss, dass Gott in jedem neugeborenen Kind den gott-entsprechenden, wahrhaft menschlichen Menschen erwartet. In dieses göttliche Erwartungsfeld werden die Menschenkinder hineingeboren. Sie werden erwartet. Ein gott-entsprechendes Leben ist ein »gutes Leben«, ein Leben voller »Menschlichkeit«.

3. Den guten Tod erwarten

Wenn es ein »gutes Leben« und ein gott-entsprechendes Leben gibt, muss es auch einen »guten Tod« und ein gott-entsprechendes Sterben geben. Aber gibt es so etwas wirklich? Ist nicht jeder Tod ein Feind des Lebens und des lebendigen Gottes? Wie erfahren wir das Sterben und den Tod? Wir erfahren an uns selbst das Sterben, aber nicht den Tod. Den Tod erfahren wir an den geliebten Menschen, wenn wir »Hinterbliebene« werden.

1. »Und Abraham starb alt und lebenssatt« (1 Mos 25,8), und auch von dem Schmerzensmann Hiob heißt es, er starb mit 140 Jahren »alt und lebens-

satt« (Hiob 42,17). »Lebenssatt« kann man nur sterben, wenn man wirklich gelebt hat und die Fülle des Lebens in seinen Höhen und Tiefen ausgekostet hat. Die beste ars moriendi ist das bene vivere. Das ungelebte Leben, sei es versäumtes Leben oder verhindertes Leben, schmerzt im Sterben. Viele sterben mit dem Eindruck, noch gar nicht richtig gelebt zu haben, während andere nicht »lebenssatt« sterben, sondern lebensmüde. Wenige sterben den »guten Tod«: alt und lebenssatt.

2. Aber gibt es nicht wenigstens einen friedlichen Tod? »Nun lässt du deinen Diener in Frieden fahren, denn meine Augen haben deinen Heiland gesehen«, betet der greise Simeon (Luk 2,29 f.). Auch ein Sterben im Frieden mit Gott, mit seinen Nächsten und mit sich selbst ist ein »guter Tod«. Dafür ist es gut, wenn der Tod naht, im Glauben an den gegenwärtigen Christus Frieden zu machen, Schuld zu vergeben und um Vergebung zu bitten für alles, was man den Nächsten schuldig geblieben ist. Wir machen diesen Frieden im Beerdigungsritual, aber es ist besser, vor dem Tod Frieden zu suchen als nach dem Tod. Wer im Unfrieden mit Gott und seinen Nächsten und sich selbst stirbt, stirbt keinen »guten Tod«.

3. Das Zeitalter der Palliativmedizin und der Hospize verlangt nach einer subjektiven Spiritualität des »guten Sterbens«. Das Alter gleicht oft einem Warten: Man weiß, was kommt, aber nicht, wann es kommt.

»Mors certa, hora incerta«, steht auf alten Kirchturmuhren. In früheren Zeiten gab es dafür eine ars-moriendi-Literatur.[25] Man wusste, wie man sich zum Sterben bereitete, weil man über den Tod hinaus sah ins Gericht und Reich Gottes, oder ins Fegefeuer und den Himmel. Wenn heute für viele Menschen »mit dem Tod alles aus ist«, gibt es nur die stoische Haltung der Schicksalsergebenheit. Das Sterben wird Nacht für Nacht ein Ab-warten, bis es einem egal wird, ob man noch lebt oder schon tot ist. Kommt aber nach dem Tod noch etwas Neues, dann prägt diese Erwartung auch das Sterben. Ernst Bloch glaubte zwar nicht an Gott, aber auf den Tod angesprochen sagte er: »Ich bin doch neugierig.« Margarete Mitscherlich stellte nüchtern fest: »Das Nichts hat auch noch niemand gesehen.« Für Christen ist die Auferstehungshoffnung in der Auferstehung Christi begründet. Darum sterben wir nicht als Opfer des Todes, sondern als Kinder des ewigen Lebens. Das Sterben des vergänglichen Lebens wird zum ersten Schritt der Auferweckung ins vollkommene Leben, ganz gleich, ob man Sterbehilfe in Anspruch nimmt oder nicht. Wir werden erwartet und dieses Erwartetwerden macht das Sterben leicht und einverständlich.

4. Den Tod erfahren wir an denen, die wir lieben, nicht an uns selbst, an uns selbst erfahren wir nur das Sterben.

> »Bedenkt: den eignen Tod, den stirbt man nur,
> doch mit dem Tod der Andern muss man leben«,

dichtete Mascha Kaléko in ihrem »Memento«, als ihr einziger Sohn verunglückte und starb. Je mehr man den anderen Menschen liebt, desto tiefer wird der Schmerz seines Todes. Man ist nur noch ein halber Mensch, fühlt sich wie amputiert und der Riss durch Seele und Herz verheilt nicht. Man muss mit dem Tod des geliebten Menschen leben. Aber wie? Die Liebe ist stärker als der Tod. Ich verstehe das so: Im Geliebtwerden und Lieben erfahren wir erfüllte Zeit. Das ist die Gegenwart des ewigen Lebens. Dieses Glück vergeht nicht. Nicht einmal der Tod kann es uns rauben. Das Glück des geliebten Lebens ist Sein ohne Zeit. Es ist das Glück in den Schmerzen der Trauer und des Einsamseins. Trauer und Glück liegen nahe beieinander: Ich bin traurig und glücklich zugleich. Das ist eine neue Gemeinschaft der Liebenden.

VI. IST GEDULD TOLERANT? IST TOLERANZ GEDULDIG?

1. Toleranzedikte

Es gab in Staaten mit Staatsreligion immer politische Toleranzedikte zum Schutz von Minderheitsreligionen. So schützte das Toleranzedikt des Kaisers Konstantin 313 das zuvor von den römischen Kaisern verfolgte Christentum. 1598 schützte das Toleranzedikt von Nantes die verfolgten Hugenotten in Frankreich, die 1572 die mörderische Bartholomäusnacht erlitten hatten. Ludwig XIV. hob dieses Edikt 1685 auf, den Hugenotten blieb nur das ius emigrandi. Die Flüchtlinge wurden in Preußen aufgenommen. Heute ist in demokratischen Staaten die politische Toleranz mit anerkannten Religionsgemeinschaften durch das Grundrecht auf Religionsfreiheit auf alle ausgedehnt. An die Stelle einer Staatsreligion tritt die allgemeine Religionsfreiheit:

> »Art. 4: Glaubens-, Gewissens- und Bekenntnisfreiheit, Kriegsdienstverweigerung.
>
> 2. Die Freiheit des Glaubens, des Gewissens und die Freiheit des religiösen und weltanschaulichen Bekenntnisses sind unverletzbar.
> 3. Die ungestörte Religionsausübung wird gewährleistet.
>
> Artikel 136 bis 141 Grundgesetz regeln Einzelheiten.«[26]

2. Ist Toleranz eine Tugend?

In der Zeit der Aufklärung wurde diese politische Toleranz zu einer humanitären Tugend. Damit wurden alle religiösen Absolutheitsansprüche relativiert und alle »Weltreligionen« gleich behandelt. Zunächst galt das nur für das katholische und evangelische Bekenntnis: »Jeder soll nach seiner Facon selig werden«, entschied Friedrich der Große, als er in Schlesien katholische Untertanen bekam. Dann aber weitete Lessing in seinem berühmten Drama »Nathan der Weise« die Toleranz auf die drei Religionen Judentum, Christentum und Islam aus. Er nahm die alte Ringparabel auf und deutete die alte atheistische Legende von den »drei Betrügern der Menschheit, Mose, Jesus und Mohammed«,[27] positiv. Der Schlüsselsatz lautet:

> »Sind Christ und Jude eher Christ und Jude als Mensch?
> Ah! Wenn ich einen mehr in euch gefunden hätte,
> dem es genügt, ein Mensch zu heißen.«[28]

Wer sich damit begnügt, »ein Mensch zu heißen«, dem werden alle drei Weltreligionen gleich gültig und gleichgültig. Sie sollen in Frieden leben und ihn in Ruhe lassen. Er ist ein religiös »genügsamer« Mensch geworden. Der Humanität und der ihr immanenten Sittlichkeit gehören für Lessing die Zukunft in der »Erziehung des Menschengeschlechts«. Damit wird der irreligiöse »Relativismus« absolut, es gibt zu ihm keine Alternativen.

3. Interreligiöser Relativismus

Muss die Religionsfreiheit demokratischer Staaten irreligiös begründet werden, oder gibt es auch religiöse Gründe? Schließlich wird das Grundrecht auf Religionsfreiheit im Grundgesetz der Bundesrepublik Deutschland in »Verantwortung vor Gott und den Menschen« beschlossen, wie die Präambel im ersten Satz sagt. Also muss es auch für Religionsfreiheit Gründe aus dem Glauben an Gott geben.

Wir versuchen zuerst eine begriffliche Klärung: Tolerantia ist nicht patientia. Toleranz heißt Duldung einer Minderheit durch eine Mehrheit. Als Angehöriger einer Minderheitsreligion bin ich »geduldet«, aber noch nicht akzeptiert und auch noch nicht anerkannt. Toleranz mag gut sein, ein nur Tolerierter zu sein, ist schlecht. Das ist zu wenig für den vollen Begriff der Religionsfreiheit. Verstehen wir Religionsfreiheit nicht nur als subjektive Entfaltungsfreiheit, sondern auch als kommunikative Freiheit zwischen Religionsgemeinschaften, dann ist die gegenseitige »Duldung« zwar ein Anfang, für das Zusammenleben aber zu wenig.

Kann man absolutistische Religionen oder totalitäre »Weltanschauungen« überhaupt dulden? Als die Amerikaner 1945 nach Deutschland kamen, lehrten sie eine Faustregel: »Toleranz gegen Toleranz, aber Intoleranz gegen Intoleranz«. Das ist Toleranz im Vergeltungsgesetz: »Wie du mir – so ich dir«, aber wer macht den Anfang?

Im Zusammenleben von Religionsgemeinschaften geht es überhaupt nicht um religiösen Absolutismus und irreligiösen Relativismus. Die Debatten um den »Absolutheitsanspruch« des Christentums, die Ernst Troeltsch angeregt hatte, oder um die »absolute Religion« im Islam halte ich für verfehlt, weil irreligiöse Maßstäbe an die Religionen angelegt werden.

Gibt es auch eine religiöse Begründung der Religionsfreiheit? Gibt es auch religiöse Gründe für die Anerkennung der anderen? Es geht zwischen den Religionen nicht um Toleranz, sondern um Inklusion, um Nächstenliebe, Barmherzigkeit und christlich sogar um Feindesliebe. Wie geht die Inklusion? Ich erinnere mich an eine Sternstunde im deutschen Bundestag. Es waren die Anfangsjahre des Kalten Krieges. Gustav Heinemann, ein überzeugter evangelischer Christ, hielt eine Rede und an einer Stelle sagte er: »Christus ist nicht gegen die Kommunisten ...«, er wurde mit Protestrufen aus der CDU unterbrochen, doch als er fortfuhr: »... er ist auch für sie gestorben«, verstummte der Protest und betretenes Schweigen trat ein. Das ist so, als würde jemand heute bei einer Pegida-Demonstration rufen: »Christus ist nicht gegen die Muslime, er ist auch für sie gestorben.« In der Tat glauben Christen, dass Christus für die Versöhnung der Welt gestorben ist, also auch für die Muslime. Folglich sehen Christen die Muslime nicht als Glaubensfeinde an, sondern als Brüder und Schwestern Christi, für die Christus auch »gestorben ist«.

> »Jesus Christus ist die Versöhnung für unsere Sünden, nicht allein aber für die unseren, sondern auch für die der ganzen Welt.« (1 Joh 2,2)

Das schließt nicht ein, dass Christen Lehren oder Rituale der Muslime annehmen, aber sie achten und anerkennen sie als Menschen »in Christus«. Auf der anderen Seite, wenn Muslime sich an Gott »den Allerbarmer« halten – und nicht mehr die Identität eines rechtgläubigen Muslim diskutieren –, werden sie auch Andersgläubigen mit Solidarität begegnen und sie im Raum der Allbarmherzigkeit Gottes achten und als Brüder und Schwestern akzeptieren. In dieser universalen Barmherzigkeit haben alle Menschen Lebensraum, und auch Juden und Christen preisen die »große Barmherzigkeit« Gottes von Beginn an.

Den sogenannten »Weltreligionen« geht es heute um die Erde als ihre gemeinsame Heimat, wie die Earth Charta (2000) sagt. Sie werden zunehmend daran gemessen, was sie zur ökologischen Katastrophe beigetragen haben und was sie zu ihrer Abwendung tun können. Es geht den »Weltreligionen« wie der Weltpolitik und der Weltwirtschaft: Wir hatten nationale Politik, heute wird nationale Außenpolitik immer mehr zur »Weltinnenpolitik« (C. Fr. von Weizsäcker). Wo aber bleibt die Erde? Weltpolitik wird zur Erdpolitik (Ernst von Weizsäcker) werden, wenn sie dem Überleben der Menschheit dienen soll. Dasselbe bemerken wir auch in der Wirtschaft: Nationalökonomie hieß das Fach einst, inzwischen ist Wirtschaft globalisiert worden, aber es ist eine Globalisierung ohne die Stimme des Globus. Darum wird Erdwirtschaft die Zukunft sein, wenn es eine Zukunft für uns Menschen gibt. Die »Weltreligionen« werden auf ähnliche Weise zu Erdreligionen werden und sich der »Religion der Erde« annähern.[29]

Hat die Erde eine »Religion«? In der jüdischen Tradition gibt es den »Sabbat der Erde«: Alle sieben Jahre soll das Land »dem Herrn seinen Sabbat feiern«. Dann soll das Land unbebaut bleiben, um seine Lebenskräfte zu regenerieren. So müssen heute die Weltreligionen als Erdreligionen den »Sabbat der Erde« respektieren und den Lebensgrund alles Lebens in dieser einen Erde anerkennen. Dann entsteht auch eine Erdgemeinschaft zwischen den Weltreligionen. Nicht das Vergeltungsgesetz oder die Goldene Regel, sondern die große Barmherzigkeit wird ihr Zusammenleben regeln. Von der Geduld der Erde leben alle Erdbewohner. Je mehr ihnen das bewusst wird, umso dankbarer und achtsamer werden sie mit der Erde umgehen.

4. Ist Geduld eine Tugend? Eine »Duldung« ist es nicht

Geduld ist keine Primärtugend, sondern ist eine Qualifikation von Primärtugenden. Man kann sich das an dem einfachen Satz klar machen, in dem Geduld allein vorkommt:

Geduld ist gut, aber ein nur Geduldeter zu sein schlecht. Duldung ist nach Definition des deutschen Abschiebungsrechts eine

> »vorübergehende Aussetzung der Abschiebung von ausreisepflichtigen Ausländern«.

Sie stellt keinen Aufenthaltstitel dar und begründet daher auch keinen rechtmäßigen Aufenthalt. Eine »Duldung« kann für Tage oder Monate ausgestellt werden. »Kettenduldungen« sind immer wieder verlängerte Duldungen. Wer »geduldet« ist, kann keine Arbeitserlaubnis bekommen. Das ist in der Erfahrung der »Geduldeten« ein »Leben im Stillstand«, wie sie sagen.

In Verbindung mit den Primärtugenden der Liebe, der Hoffnung und des Glaubens macht Geduld Sinn und ist eine notwendige Qualifikation:

In der Geduld der Liebe ist der Geduldete der Geliebte.

In der Geduld der Hoffnung ist der Geduldete der Erwartete.

In der Geduld des Glaubens ist der Geduldete der Vertraute.

Darum schließt Paulus das »geduldig in Trübsal« ein mit der Freude der Hoffnung und dem anhaltenden Gebet:

> »Seid fröhlich in Hoffnung,
> geduldig in Trübsal,
> haltet an am Gebet.« (Röm 12,12)

Die »Geduld in Trübsal« macht noch nicht »fröhlich«, erst die Hoffnung, die die Geduld trägt und aufrichtet, macht fröhlich, weil Hoffnung vorweggenommene Freude ist. Und wie man in Trübsalen »geduldig« werden kann, zeigt die anhaltende Verbindung mit Gott. Das Beten »ohne Unterlass« gibt die Kräfte, um in Trübsal auszuhalten und nicht aufzugeben. Wir sind im Beten getragen von den Kräften Gottes und sehen das Ende der Trübsal in der erhofften Zukunft:

> »Du hast mir meine Klage verwandelt in einen Reigen, du hast mir den Sack der Trauer ausgezogen und mich mit Freude gegürtet.« (Psalm 30,12)

Hoffen und Beten machen geduldig, langmütig und leidensbereit und schaffen Freude in den Zeiten der Geduld.

BARMHERZIGKEIT UND SOLIDARITÄT

Papst Franziskus hat der Barmherzigkeit mit den Armen Priorität in der Kirche Christi eingeräumt. Das ist auch gut so, aber seine Vorstellung von der Barmherzigkeit mit den Armen geht auf die »preferential option for the poor« der lateinamerikanischen Bischofskonferenz in Medellin 1968 zurück. Genügt das? Muss zur Barmherzigkeit nicht die Solidarität hinzu kommen? Kommt das persönliche Erbarmen mit einem Hilfsbedürftigen nicht aus dem tiefen Gefühl der Solidarität mit ihm? Schafft das Erbarmen nicht eine nachhaltige Solidargemeinschaft mit den Armen? Barmherzigkeit ist ein persönlicher Affekt und das Erbarmen eine spontane Intervention; Solidarität ist nachhaltig und institutionell mit Rechten und Pflichten. Solidarität macht die »unterlassene Hilfeleistung« strafbar und verschafft dem Bedürftigen Rechte auf Sozialleistungen.

Ich werde nach einer fruchtbaren Verbindung zwischen Barmherzigkeit und Solidarität suchen und im Teil 1 über die Barmherzigkeit mich der menschlichen Solidargemeinschaft annähern und im Teil 2 über die Solidarität mich der Religion der Barmherzigkeit annähern.

I. VON DER BARMHERZIGKEIT ZUR SOLIDARITÄT

1. Die große Barmherzigkeit Gottes

In der hebräischen Sprache, von der das Alte und das Neue Testament geprägt sind, ist das Erbarmen ein echtes »Bauchgefühl«. Rächäm ist ein so tiefes Mitgefühl, dass sich die Eingeweide zusammenkrampfen. Rächäm ist weiblich und weist auf mütterliche Geburtsschmerzen hin, unter denen neues Leben in die Welt gebracht wird. Rächäm ist auf der einen Seite ein hinreißendes Gefühl der Empathie und Compassion: Ich werde persönlich in den erbärmlich leidenden Armen hineinversetzt und komme ihm spontan zur Hilfe: Ich muss, ich kann nicht anders! Rächäm ist auf der anderen Seite das schöpferische Gefühl, mit dem eine neue Tat beginnt und Leben geboren oder gerettet wird.

In der lateinischen Kultur ist das Lebenszentrum des Menschen vom Zwerchfell zum Herzen empor gerückt. Nicht mehr der Atem macht das Leben lebendig, sondern der Blutkreislauf. Also wird das Herz zur Mitte des Lebens. Darum ergreift uns die Misere der Armen so sehr, dass es aus der Mitte unseres Lebens zur misericordia kommt. In der deutschen Sprache wurden aus misericordia das Substantiv »Barmherzigkeit« und das Verb »erbarmen« geprägt, was bedeutet, ein Herz für die Armen zu haben. Luther übersetzte das griechische Wort für »erbarmen« mit »es jammerte ihn ...«, was so viel heißt wie: »es machte ihn traurig«, »es trieb ihm die Tränen in die Augen«, »er konnte es nicht mehr mit ansehen«. Dieses herzliche Erbarmen ist ein starkes Motiv zur Hilfe für den Notleidenden und ein leidenschaftlicher Antrieb zur Veränderung der Situation der Armen. Der deutsche Ausdruck »Mitleid« wird dem ursprünglichen Sinn des Erbarmens nicht gerecht.

Die hebräische Bibel ist der »Wahrheitsraum« (Frank Crüsemann) für das christliche Neue Testament und den Koran der islamischen Welt. Darum beginnen wir mit der »großen Barmherzigkeit« Gottes, um die transzendente Dimension des Erbarmens in der Welt zu erfassen.

Barmherzigkeit kommt aus dem innersten Wesen Gottes und steht über der Schöpfung und der Geschichte, dem Volk Israel und dem Gesetz. Barmherzigkeit ist die Leidenschaft Gottes für seine Geschöpfe, für sein Volk und für den einzelnen Beter. »Seine Barmherzigkeit ist ewig« (Ps 106,1), sie »geht über die ganze Welt« (Sirach 16,12).

Gottes große Barmherzigkeit ist stärker als sein Zorn über die Bosheit der Menschen und die Untreue seines Volkes: »Ich habe dich einen Augenblick verlassen, aber mit großer Barmherzigkeit will ich dich sammeln.« (Jes 54,7 f.) Zorn und Gnade sind nicht gleichwertig: Gottes Zorn ist zeitlich, seine Gnade ewig, Gottes Gerichte sind zeitlich, seine Barmherzigkeit ist ewig. Sein Zorn ist nichts anderes als seine verwundete Liebe.

2. Jenseits der »Goldenen Regel«

Das Wichtigste an der großen Barmherzigkeit ist, dass sie das Vergeltungsgesetz außer Kraft setzt, sowohl die Vergeltung »Auge um Auge, Zahn um Zahn ...« wie die Goldene Regel: »Alles, was ihr wollt, dass euch die Leute tun, das tut ihnen auch.« (Mt 7,13) Nach dem Vergeltungsgesetz ist alles gute Handeln ein Handeln auf »Gegenseitigkeit« (Konfuzius): »Wie du mir – so ich dir.« Solches Handeln auf »Gegenseitigkeit« setzt aber Gleichheit der Personen voraus. Dieses »Weltethos« (Hans Küng) gilt nicht für die Armen, Kranken, Behinderten und die Fremden. Für Ungleiche gibt es keine ethische »Gegenseitigkeit« und keine Forderung nach Vergeltung im Guten wie im Bösen. Für Ungleiche gibt es keine ethische Gegenseitigkeit und keine Forderung nach vergeltender Erwiderung, sondern nur das einseitig zuvorkommende Erbarmen. Die Barmherzigkeit hilft ihnen zum Leben, heilt sie, befreit sie, richtet sie auf und schafft ihnen ihr Recht. Das Handeln auf Gegenseitigkeit führt zu exklusiven Gesellschaften; das barmherzige Handeln führt zu inklusiven Gesellschaften.

Israel hat seine Gottesgeschichte als erfahrenen Ausdruck der großen Barmherzigkeit Gottes verstanden. Als das Volk in Gefangenschaft war, kam Gott herunter zu ihnen und führte sie in Gestalt seiner Schechina ins Gelobte Land und darüber hinaus durch Schrecken und Chancen der Geschichte.

Auch die Gottesgeschichte Christi ist eine Geschichte der großen Barmherzigkeit Gottes. Die Inkarnation in Jesus Christus ist auch die Fleischwerdung des göttlichen Erbarmens zu den Verlorenen, den Kranken und Armen, um sie zu finden, zu heilen und aufzurichten. Nicht nur die Passionsgeschichte Christi ist Ausdruck göttlicher Barmherzigkeit, sondern auch die Auferstehung Christi von den Toten. »Der uns nach seiner großen Barmherzigkeit wiedergeboren hat zu einer lebendigen Hoffnung durch die Auferstehung Christi« (1 Petr 1,3). Durch Gottes Barmherzigkeit wird nicht nur Not beseitigt, sondern auch neues Leben geboren.

3. Der barmherzige Samariter

»Es war ein Mensch, der ging von Jerusalem hinab nach Jericho und fiel unter die Räuber; sie zogen ihn aus, schlugen ihn und machten sich davon und ließen ihn halbtot liegen. Da kam ein Priester vorbei, und als er ihn sah, ging er vorüber. Dann kam ein Levit vorbei, und als er ihn sah, ging er vorüber. Ein Samariter aber, der auf der Reise war, als er zu der Stelle kam, sah er ihn. Er jammerte ihn: er verband seine Wunden, setzte ihn auf sein Reittier, brachte ihn in die Herberge und pflegte ihn. Er gab dem Wirt Geld zur weiteren Pflege.«

Jesus fragte den Schriftgelehrten: »Wer ist der Nächste gewesen dem, der unter die Räuber gefallen war?« Und der antwortete: »Der die Barmherzigkeit an ihm tat.« (Luk 10,25–37)

An dieser Geschichte ist Folgendes bemerkenswert:

a) Jesus kehrt die Frage: »Wer ist mein Nächster?« herum und fragt: Wem bist du der Nächste?

b) Der Schriftgelehrte war ein frommer Jude, der Samariter kam aus Samarien, dem Land der Ketzer und Ungläubigen: Indem Jesus den »Samariter« zum Vorbild macht, sagt er: Das Gebot der Nächstenliebe gilt universal: Jeder kann zum Nächsten werden, der sich erbarmt.

c) Von dem Opfer der Räuber auf der Straße wird nicht gesagt, ob er Jude oder Heide war. Für das Erbarmen genügt es, dass er ein Opfer von Gewalt geworden ist. Der sich erbarmt, fragt nicht nach Religion, Nationalität oder Rasse. Sein Herz reagiert auf das Elend.

d) Der Priester und der Levit haben den Halbtoten gesehen und sind doch vorüber gegangen. Das klagt sie an. Sie können nicht sagen: Wir haben nichts gesehen, nichts gehört und nichts gewusst, wie viele Deutsche sagten, als die Juden »unter die Räuber« fielen.

e) Der »barmherzige Samariter« ist in das deutsche Strafrecht eingegangen. Strafgesetzbuch § 323c stellt »unterlassene Hilfeleistung« unter Strafe:

> »Wer bei Unglücksfällen und allgemeiner Gefahr oder Not nicht Hilfe leistet ... wird mit Freiheitsstrafe bis zu einem Jahr oder mit Geldstrafe bestraft.«

f) Was ist Erbarmen und wie geschieht es? Der barmherzige Samariter erwartet keinen Lohn, nicht einmal »Lohn im Himmel«. Er fühlt sich auch nicht besonders gut. Er erkennt die Not und tut das Notwendige. Das ist genug. Ein echter »Samariterdienst« versteht sich von selbst und ist ohne »Warum?«. Gerade darin entspricht das menschliche Erbarmen der grundlosen Barmherzigkeit Gottes.

Das christliche Mittelalter hat die »sieben Werke der Barmherzigkeit« gelehrt: »Hungrige speisen, Durstige tränken, Fremde beherbergen, Nackte kleiden, Kranke pflegen, Gefangene besuchen, Tote bestatten.« Das geht auf die Geschichte vom »großen Weltgericht« Matthäus 25 zurück. Dort identifiziert sich der Menschensohn als Weltenrichter mit den Elenden:

> »Was ihr getan habt einem von diesen meinen geringsten Brüdern, das habt ihr mir getan.«

Das hebt ihre Würde hervor und stellt das Erbarmen in die Bruderschaft der Helfer und der Hilfsbedürftigen mit Christus.

4. Der Heilige Martin von Tours

Wir haben bisher nur über den barmherzigen Menschen gesprochen. Wir versetzen uns jetzt in die Lage des erbärmlichen Menschen, denn Barmherzigkeit muss nicht nur gegeben, sie muss auch akzeptiert werden. Ist man auf die Barmherzigkeit anderer Menschen angewiesen, fühlt man sich erniedrigt, weil man sich nicht selbst helfen kann. Zur »Tafel« oder Suppenküche zu gehen, um kostenlos zu essen, ist für Menschen, die sich früher selbst versorgen konnten, beschämend. Sie gehen aus Not dahin, wollen aber nicht gesehen werden. Wie kann das Erbarmen so ausgeübt werden, dass es nicht erniedrigt und beschämt und das Selbstgefühl des Notleidenden verletzt? Von dem Heiligen Martin von Tours gibt es zwei Bilder: Auf dem einen sitzt er hoch zu Pferde und der Bettler kniet unter ihm und er teilt seinen Mantel. Das ist Erbarmen von oben nach unten. Auf dem anderen Bild steht er und der Bettler steht neben ihm, sie sind auf Augenhöhe, und dann teilt er seinen Mantel brüderlich mit dem Bettler. Auf dem ersten Bild wird der Bettler zweifach erniedrigt; einmal durch seine Notlage und dann durch das Erbarmen des Reiters hoch zu Pferde. Er hätte wenigstens absteigen können. Das zweite Bild zeigt, dass Erbarmen mit der Anerkennung des Bettlers als eines Bruders verbunden werden muss.

5. Barmherzigkeit im Islam und Buddhismus

Barmherzigkeit und das Erbarmen werden in allen Weltreligionen gepriesen. In dieser Hinsicht gibt es eine Ökumene der Religionsgemeinschaften, die ihren Dialog im Blick auf das Elend in der Welt fruchtbar machen müssen. Wir werden hier nur einen kurzen Blick in den Koran und in eine buddhistische Schrift werfen.

»Allerbarmer« (Ar-Rahman) ist einer der Namen Gottes und zusammen mit »Allbarmherziger« (Ar-Rahmin) der häufigste Name Gottes im Koran. Das arabische Wort rahma ist dem hebräischen Wort rächäm verwandt und leitet sich von der Zusammenkrampfung der Eingeweide ab. Man kann beides unterscheiden: Während Allbarmherzigkeit Gottes bedingungslose und universale Fürsorge für alle Geschöpfe meint, ist das Allerbarmen Gottes Reaktion auf das Leiden und Tun von Menschen. Das Almosengeben den Armen ist die vierte von den fünf Säulen des Islam. Während es bei Jesus positiv heißt:

> Selig sind die Barmherzigen, denn sie werden Barmherzigkeit erlangen« (Mt 5,7),

heißt es in einem islamischen Hadith negativ:

> »Diejenigen, die nicht barmherzig sind,
> werden keine Barmherzigkeit erlangen.«

Ein Problem, das in den koranischen Schulen diskutiert wurde und wird, ist dies: Gilt die Barmherzigkeit Gottes nur den gläubigen Muslimen oder allen Menschen, also auch den Ungläubigen? An der Antwort entscheidet sich der Umgang mit anderen Menschen. Blickt man auf die Barmherzigkeit Gottes, dann gilt das Erbarmen allen elenden Menschen. Blickt man auf die wahren Gläubigen, dann gilt das Erbarmen nur den anderen Gläubigen, die in Not geraten sind. Das wird auch im Christentum diskutiert: »Lasst uns Gutes tun, allermeist aber an des Glaubens Genossen«, schrieb Paulus (Gal 6,10), und im Judentum: Wenn ich zwei Notleidende, einen Juden und einen Heiden vor mir habe, wem soll ich helfen, wenn ich nur einem helfen kann? Meine Antwort ist: Wo solche Unterscheidungen gemacht werden, gibt es kein wahres Erbarmen mehr, das der großen Barmherzigkeit des Schöpfergottes entspricht.

Im Buddhismus finden wir die Figuren des barmherzigen Boddhisattva und der chinesischen Göttin der Barmherzigkeit Quan-jin (Kannon). Die erste Figur steht für das Mitleid, die zweite für das Erbarmen. Im Buddhismus wird Barmherzigkeit als Mitgefühl, karuna, bezeichnet. Karuna ist eine der verschiedenen Formen mitmenschlicher Verbundenheit wie Liebe, Mitfreude, Mitleid. Karuna ist nicht eine Pflicht, sondern eine Frucht der Einsicht kraft Meditation und der aus ihr entspringenden Gleichmut. Taitetsu Unno beschreibt in seinem Artikel »Karuna« die buddhistische Barmherzigkeit so:

> »In der Barmherzigkeit hilft man denen und sorgt sich um die, die in der Not sind, und hilflosen Tieren ... Mittellose bekommen zu essen ... und Tiere werden von menschlicher Versklavung befreit ... Die Barmherzigkeit des Heiligen Weges besteht darin, sich alles Lebendigen zu erbarmen ... Die Barmherzigkeit des Reinen Landes bedeutet, aus Mitleid und Mittrauergefühl der Großen Barmherzigkeit anderen Lebewesen zur Hilfe zu kommen, dass sie die Buddhaschaft erlangen.«

Im ersten Fall ist Barmherzigkeit auf die Not gerichtet, im zweiten Fall auf die Erlösung durch die Buddhaschaft. In beiden Fällen ist es wichtig für den Menschen, in das Kraftfeld der »Großen Barmherzigkeit« zu kommen, die alles Lebendige, Menschen, Tiere und Pflanzen umfasst (Marcel Martin).

6. Warum fällt uns Mitleid leichter als Mitfreude?

Warum fällt uns das Mitleid mit dem Unglück anderer leichter als die Mitfreude mit ihrem Glück?

Ich vermute: Weil wir uns im Mitleid größer fühlen als der Bemitleidenswerte, während wir uns in der Mitfreude kleiner fühlen als der glücklich Erfreute. Der Mann, der sein verlorenes Schaf gefunden hat, ruft seine Freunde und Nachbarn und sagt: »Freut euch mit mir, denn ich habe das Schaf gefunden, das verloren war.« (Luk 15,6) Aber der älteste Bruder des »verlorenen Sohns« wollte nicht mitfeiern und sich nicht mitfreuen, dass sein Bruder, der verloren war, gefunden und von seinem Vater aufgenommen wurde: »Da ward er zornig und wollte nicht hineingehen. Da ging sein Vater hinaus und bat ihn.« (15,28)

Mitfreude verlangt mehr Selbstlosigkeit als Mitleid. Im Mitleid wird Barmherzigkeit geübt, in der Mitfreude wird Solidarität bewiesen.

II. VON DER SOLIDARITÄT ZUR BARMHERZIGKEIT

1. Gibt es Strukturen der Barmherzigkeit? Gütergemeinschaft und Armenpfleger

Wir haben bisher die Barmherzigkeit ihrem Wortlaut nach nur im persönlichen und spontanen Erbarmen mit Hilfsbedürftigen angesehen. Funktioniert die Barmherzigkeit nur im persönlichen Bereich? Der brasilianische Bischof Dom Helder Camara sagte einmal:

> »Als ich mich der Armen erbarmte, lobte man mich und nannte mich einen Heiligen.
>
> Als ich öffentlich fragte, warum die Armen arm sind, beschimpfte man mich und nannte mich einen Kommunisten.«

Wenn es unmenschliche Gesetze und asoziale Strukturen gibt, gibt es auch menschengerechte Gesetze und sozial gerechte Strukturen. Also gibt es auch unbarmherzige und barmherzige Strukturen. Die frühen christlichen Gemeinden sind der Armut keinesfalls nur persönlich begegnet wie der »barmherzige Samariter«. Sie organisierten die bekannte urchristliche Gütergemeinschaft, die es in der Ordenschristenheit der Mönche und Nonnen bis heute gibt: »... und da war keiner unter ihnen, der Mangel litt.« (Apg 4) Die Urgemeinde in Jerusalem bestellte sogar »die sieben Armenpfleger« (Apg 8), die für die recht- und schutzlosen »Witwen und Waisen« sorgten. Offenbar sorgten einige Gemeinden nicht nur für die eigenen Armen, sondern, wie bewundernde Zeitgenossen feststellten, auch für die »Witwen und Waisen« der ganzen Stadt. In beiden Einrichtungen erkennen wir die christlichen Wurzeln der Solidarität. Solidarität ist hier als Gemeinschaftstreue zu erkennen: Wir lassen niemanden von uns fallen, sondern sorgen für jeden, der zu uns gehört. Wir sehen aber auch eine offene Solidarität mit allen Elenden der Stadt oder der Gesellschaft.

Vor den mittelalterlichen Kirchen saßen immer viele Bettler, damit die frommen Kirchgänger an ihnen die »guten Werke« der Barmherzigkeit tun und sich selbst einen »Schatz im Himmel« sammeln konnten. Doch es gab auch »Bruderschaften«, um die »sieben Werke der Barmherzigkeit« in den mittelalterlichen Gesellschaften zu tun. Auch wenn moderne Menschen nicht mehr an den Himmel glauben, fühlen sie sich »gut«, wenn sie »wohltätig« sind und für Caritas spenden. Seit der Reformation gibt es vor evangelischen Kirchen keine Bettler mehr. In Basel ließen die Reformatoren den Bettler von der Statue des hl. Martin von Tours am Münster entfernen, denn sie hatten die städtische Armenfürsorge eingerichtet und wollten den Bettler nicht in der Kirche verewigt haben. Sind evangelische Christen unbarmherzig, weil sie an die Rechtfertigung »allein aus Glauben« und nicht aus »guten Werken« glauben? Nein, die Reformation war in den Städten nicht nur eine Kirchenreform, sondern auch eine Sozialreform. Seit der Reformation haben die Diakone die Armenfürsorge und die Krankenpflege übernommen und damit der Gesellschaft den Weg in den Sozialstaat bereitet. Bismarcks Sozialgesetzgebung war am »Elberfelder Modell« orientiert, das von der niederländisch-reformierten Gemeinde geprägt war. Baron von der Heydt war der Vermittler dieser ersten Ansätze zum Sozialstaat in Deutschland. Max Weber hat zwar die These aufgestellt, der Calvinismus habe den Kapitalismus inspiriert, aber sie ist historisch falsch. Mit Recht kann man sagen: Der Calvinismus hat durch das Diakonat den Sozialismus inspiriert und durch die presbyterial-synodale Kirchenordnung die Demokratie.

Persönliches Erbarmen führt logischerweise zu Strukturen der Barmherzigkeit. Beide Kirchen haben im 19. Jahrhundert in den deutschen Landen die Genossenschaftsbewegung unterstützt und selbst viele Genossenschaften auf dem Land und in der Stadt gegründet, um Armut und Arbeitslosigkeit zu bekämpfen. Wenn Menschen sich zu Genossenschaften freiwillig zusammenschließen, werden sie stark. Die Alternative zur Armut ist nicht Reichtum: die Alternative zu Armut und Reichtum ist – Gemeinschaft!

2. Barmherzigkeit ohne Erniedrigung?

Wenn wir das Wort Barmherzigkeit hören, denken wir gewöhnlich an den barmherzigen Menschen, nicht an den erbärmlichen Menschen. Wie fühlen sich Arme, die auf die guten Gaben barmherziger Menschen angewiesen sind? Wie fühlen sich Arbeits- und Obdachlose, die auf die »Tafeln« und Wärmestuben in den Kirchen angewiesen sind? Wenn Barmherzigkeit von oben nach unten kommt, fühlen sie sich doppelt erniedrigt. Geben ist gut – Annehmen ist schwerer. Darum gehören zum Erbarmen immer auch die Anerkennung der Menschenwürde und der Respekt vor der Selbstachtung der Hilfsbedürftigen dazu. Die beste Hilfe ist die »Hilfe zur Selbsthilfe«.

Die lateinamerikanische »vorrangige Option für die Armen« (Medellin 1968) ist gut für Nicht-Arme, sie ist jedoch keine »Option der Armen«, denn Arme haben nicht für die Armut optiert, sie sind darin gefangen und suchen den Weg aus der Armut in das gute und gemeinsame Leben. Arme sind nur im Vergleich mit Reichen »arm«, aber in sich und in anderen Beziehungen sind sie es nicht, sondern haben ihre eigenen Gaben und Energien, die geweckt und mobilisiert werden wollen. »Arme« wollen, wie wir alle, nicht auf das angesprochen werden, das sie nicht haben, sondern anerkannt werden in dem, was sie sind. Darum brauchen sie nicht nur Barmherzigkeit, sondern auch menschliche Solidarität, und die erfahren sie in einer menschlichen Solidargemeinschaft.

Im Sinne der Barmherzigkeit fragen wir die »Armen«: Was fehlt euch?, im Sinne der Solidarität fragen wir: Was können wir gemeinsam tun?

Wollen wir Mitleid mit den »Armen« zeigen, können wir das zum Erbarmen, zur Empathie und zur Compassion steigern, es wird nie Solidarität daraus, weil wir die »Armen« (G. Gutierrez) und die »Leidenden« (J. B. Metz) immer noch als Objekte unseres notwendigen Handelns ansehen und nur darauf achten, was sie nicht haben und nicht sind. Damit überträgt sich das Mitleid oft und der Bemitleidenswerte bekommt Selbstmitleid. Selbstmitleid aber lähmt die Aktivität und macht apathisch. Solidarität geht von dem aus, was die »Armen« und »Leidenden« sind und was sie können, und anerkennt sie in dem, was sie sind und können. Solidarität formt Gemeinschaft in der Klage und Anklage sowie im Aufstand aus der Apathie. Sie traut den »Armen« und »Leidenden« etwas zu und stärkt auf diese Weise ihr Selbstvertrauen in der Solidargemeinschaft. Freundschaft ist die Seele der Solidarität.

3. Was ist und wie funktioniert eine menschliche Solidargemeinschaft?

Barmherzigkeit kommt »von Herzen« und ist, wie das Gleichnis vom »barm-herzigen Samariter« zeigt, persönlich, spontan und auf den Moment bezogen. Solidarität ist demgegenüber Gemeinsinn und Gemeinschaftsstreue und ist sozial, institutionell und nachhaltig. In einer Solidargemeinschaft gibt es öffentliche Teilnahme aller und Teilgabe am Gemeingut für jeden. Vertrauen und Zuverlässigkeit, Rechte und Pflichten bestimmen das Leben. Das christliche Urbild ist nicht der barmherzige Samariter, sondern die urchristliche Gütergemeinschaft. Der moderne europäische Sozialstaat ist eine Folge der organisierten Solidarität zwischen den Starken und den Schwachen, den Gesunden und den Kranken, den Jungen und den Alten. Der Sozialstaat macht die Armen, Kranken und Alten aus Objekten des Erbarmens zu Subjekten von Rechten und Anrechten: Sozialversicherung, Krankenversicherung, Altersrente: All das ist mehr als »strukturelle Barmherzigkeit« (Wolfgang Thierse). Es ist gegründet in den allgemeinen Menschen- und Bürgerrechten und ist wohl eher strukturelle Solidarität.

Der moderne Sozialstaat bemüht sich nicht nur um diejenigen, die »unter die Räuber gefallen« sind, er bemüht sich auch, Raub und Totschlag abzuschaffen und die »Räuber« zu sozialisieren. Und wenn der moderne Sozialstaat auch noch ökologisch wird, kann er Barmherzigkeit und Solidarität mit den Tieren und Pflanzen und der Erde insgesamt organisieren. Je mehr erneuerbare Energien verwendet werden und Industrie von waste-making industry auf recycling industry umgestellt wird, desto besser wird es dem ökologischen Gesamtsystem der Erde gehen, die unser aller Heimat ist.

4. Werden damit Barmherzigkeit und Erbarmen überflüssig?

Nein! Barmherzigkeit ist die Seele sozialer Gerechtigkeit. Ohne eine Kultur der Barmherzigkeit geht die Motivation für die Sozialgesetzgebung verloren. Die Ethik des Erbarmens mit den Schwachen, Kranken und Alten muss heute gegen die soziale Kälte des Neoliberalismus verteidigt werden, denn nur eine allgemeine Ethik des Erbarmens kann die Sozialgesetze rechtfertigen und »unterlassene Hilfeleistung« nicht nur individuell beklagen, sondern auch unter Strafe stellen.

Auch in Sozialstaaten ist persönliche Barmherzigkeit notwendig. Die Caritas der katholischen und das Diakonische Werk der evangelischen Kirche sind in Deutschland unverzichtbar. Auch wenn das soziale Netz der staatlichen Sozialhilfe die größte Not auffängt, gibt es viele Arbeitslose und Obdachlose, Kranke und Alte, um die sich niemand kümmert. Wie die Erfahrung zeigt, haben die Sozialgesetze immer Lücken, weil das Leben unregelmäßig ist. In den Sozialagenturen herrscht oft Misstrauen gegen Betrug vor, statt Respekt vor der Menschenwürde der Hilfsbedürftigen.

Barmherzigkeit öffnet die nationalstaatliche Solidargemeinschaft für Verfolgte und Flüchtlinge, so weit es möglich und zumutbar ist. Darum war Papst Franziskus auf Lampedusa. Barmherzigkeit ist sozusagen die missionarische Spitze des offenen Sozialstaats.

Endlich wird Barmherzigkeit zur Quelle internationaler Hilfsleistungen. Das ist bei Naturkatastrophen, Erdbeben und Tsunamis selbstverständlich wie vor Jahren in Haiti. Bei politischen Katastrophen wie in Syrien und dem Irak, bei Bürgerkriegen und zerfallenden Staaten aber ist es für die »Staatengemeinschaft« (UNO) schwierig. Die UNO muss bei »Völkermord« eingreifen. Ganze Völker, Volksgruppen und Ethnien können »unter die Räuber« fallen, wie die menschliche Katastrophe in Ruanda und Burundi zeigte.

Solidargemeinschaft und der Sozialstaat funktionieren nur so lange, wie die moralische Welt von Solidarität und Barmherzigkeit bestimmt wird und nicht von der kapitalistischen Ideologie wie Gier, Geiz und Egomanie oder vom Neonationalismus wie »America first«.

Zuletzt ist das persönliche Erbarmen nicht nur notwendig, sondern auch gut und schön. Das persönliche Erbarmen ist die Übersetzung der Barmherzigkeit Gottes in unser menschliches Verhalten zueinander. Unser kleines Erbarmen heiligt dieses Leben und ist eine Resonanz auf die große Barmherzigkeit Gottes. Persönliches Erbarmen ist unbedingt und unmittelbar in der Zuwendung zum anderen. Persönliches Erbarmen ist großzügig und rechnet nicht. Persönliches Erbarmen ist selbstverständlich und selbstvergessen.

Persönliches Erbarmen ist auch in der Empörung über die Unmenschlichkeit von Verhältnissen und die Unbarmherzigkeit von Menschen.

Persönliches Erbarmen ist ein glückliches Leben im weiten Raum der Barmherzigkeit Gottes.

ANMERKUNGEN

1. Traktate über die Geduld hat es lange nicht gegeben. Berühmt sind Tertullian, Liber de Patientia, übersetzt von Dr. H. Kellner, Über die Geduld, und Caecilius Cyprianus, De bono patientiae, übersetzt von Dr. J. Baer, Vom Segen der Geduld, München 1918.
2. Theologie der Hoffnung, Gütersloh ^{15}2016.
3. J. Moltmann, Prädestination und Perseveranz, Geschichte und Bedeutung der reformierten Lehre »de perseverantia sanctorum«, Neukirchen 1961.
4. J. Korczak, Wie man ein Kind lieben soll, Göttingen 2005.
5. J. Moltmann, Das Kommen Gottes. Christliche Eschatologie, Gütersloh 1995.
6. Zur Theologie der Erde vgl. EvTh 53, 5, 1993, mit Beiträgen von Leonardo Boff, Elisabeth Moltmann-Wendel und Jürgen Moltmann u. a.
7. D. Bonhoeffer, Widerstand und Ergebung, Briefe und Aufzeichnungen aus der Haft, hg. von E. Bethge, München 1951, 242.
8. J. Moltmann, Der gekreuzigte Gott, Das Kreuz Christi als Grund und Kritik christlicher Theologie, München 1972.
9. W. H. Vanstone, Love's Endeavor – Love's Expense, The Responding of Being to the Love of God, London 1977, 120.
10. Gershom Scholem, Schöpfung aus Nichts und Selbstverschränkung Gottes, Eranos Jahrbuch 1956.
11. E. Brunner, Dogmatik II, Zürich 1950, 31.
12. J. Moltmann, Der Mensch – eine missglückte Schöpfung?, in: Heike Springhart/Günter Thomas (Hg.), Risiko und Vertrauen. Risk and Trust. Festschrift für Michael Welker zum 70. Geburtstag, Leipzig 2017, 16-22.
13. J. Jeremias, Die Reue Gottes. Aspekte alttestamentlicher Gottesvorstellung, Neukirchen ^{2}1997; J. D. Döhling, Der bewegliche Gott. Eine Untersuchung des Motivs der Reue Gottes in der hebräischen Bibel, Freiburg 2009.
14. W. Schrage, Kreuzestheologie und Ethik im Neuen Testament: Gesammelte Studien, Göttingen 2004.
15. J. Moltmann, Die Angst Christi, in: Gotteserfahrungen. Hoffnung – Angst – Mystik, München 1979, 31–37.

16. Tadeusz Styczeh/Archbishop Stanislaw Dziwisz, The Prayer of Gethsemane goes on, Lublin-Vaduz 2003, über die Kreuzesspiritualität von Johannes Paul II. Der Papst trug immer den Gekreuzigten auf seinem Papststab.
17. J. Moltmann, Christoph Blumhardt – ein Theologe der Hoffnung, in: J. Moltmann, Hoffen und Denken, Neukirchen 2016, 195–210.
18. Die Weisheit des Konfuzius. Aus dem chinesischen Urtext neu übertragen und eingeleitet von Hans O. H. Stange, Frankfurt 1964, 52. Konfuzius erkannte, dass die Goldene Regel auf Gegenseitigkeit beruht und dass Gegenseitigkeit Gleichheit voraussetzt.
19. J. Moltmann, Ethik der Hoffnung, Gütersloh 2010, 211–231.
20. G. Müller-Fahrenholz, Ich glaube an die Vergebung der Sünden und die Heilung von Kränkungen, in: J. Moltmann (Hg.), Das Geheimnis der Vergangenheit, Neukirchen 2013, 9–28.
21. Ephraim Kadala, Turn the other cheek. A Christian Dilemma, African Christian Textbooks 2013. Rev. Kadala ist Mitglied der Ekklesiyar Yan'uwa in Nordnigeria, einer Friedenskirche, die besonders unter dem Terror von Boko Haram zu leiden hat.
22. Matthias Müller, Christliche Theologie im Angesicht des Judentums. Bausteine einer Phänomenologie des Wartens, Stuttgart 2009, geht vornehmlich auf die »Geduld mit anderen« ein, auf das »wartende Judentum« und »Christliche Theologie des Wartens«.
23. Ernst Bloch, Das Prinzip Hoffnung, Frankfurt 1961, 1621.
24. Hannah Arendt, Vita Activa oder vom tätigen Leben, München 1979, 317; Karin Ulrich-Eschemann, Vom Geborenwerden des Menschen, Theologische und philosophische Erkundungen, Münster 2000.
25. Martin Luther, Von der Bereitung zum Sterben (1519), WA II, 685-697.
26. Grundgesetz der Bundesrepublik Deutschland, dtv ^{45}2014, 6f.
27. De tribus impostoribus – von den drei Betrügern (1598), Berlin 1960.
28. Lessing, Nathan der Weise, zweiter Aufzug, fünfter Auftritt.
29. J. Moltmann, A Common Earth Religion: World Religions from an Ecological Perspective, in: The Ecumenical Review, 83, 1, March 2011, 16–24.

Für alle Lebensliebhaber bietet das Gütersloher Verlagshaus Durchblick, Sinn und Zuversicht. Wir verbinden die Freude am Leben mit der Vision einer neuen Welt.

UNSERE VISION EINER NEUEN WELT

Die Welt, in der wir leben, verstehen.

Wir sehen Menschlichkeit als Basis des Miteinanders: Mitgefühl, Fürsorge und Beteiligung lassen niemanden verloren gehen. Wir stehen für gelingende Gemeinschaft statt individueller Glücksmaximierung auf Kosten anderer.

Wir leben in einer neugierigen Welt: Sie sucht ehrgeizig und mitfühlend Lösungen für die Fragen unseres Lebens und unserer Zukunft. Wir fragen nach neuem Wissen und drücken uns nicht vor unbequemen Wahrheiten – auch wenn sie uns etwas kosten.

Wir leben in einer Gesellschaft der offenen Arme: Toleranz und Vielfalt bereichern unser Leben. Wir wissen, wer wir sind und wofür wir stehen. Deshalb haben wir keine Angst vor unterschiedlichen Weltanschauungen.

Das Warum und Wofür unseres Lebens finden.

Wir helfen einander, uns selber besser zu verstehen:
Viele Menschen werden sich erst dann in ihrem Leben zuhause fühlen, wenn sie den eigenen Wesenskern entdecken – und Sinn in ihrem Leben finden.

Wir ermutigen Menschen, zu ihrer Lebensgeschichte zu stehen:
In den Stürmen des Alltags geben wir Halt und Orientierung. So können sich Menschen mit ihren Grenzen aussöhnen und zuversichtlich ihr Leben gestalten.

Wir haben den Mut, Vertrautes hinter uns zu lassen:
Neugierde ist die Triebfeder eines gelingenden Lebens. Wir wagen Neues, um reich an Erfahrung zu werden.

Erfahren, was uns im Leben trägt und erfreut.

Wir glauben an die Vision des Christentums:
Die Seligpreisungen der Bergpredigt lassen uns nach einer neuen Welt streben, in der Vereinsamte Zuwendung, Vertriebene Zuflucht, Trauernde Trost finden – und Gerechtigkeit, Barmherzigkeit und Frieden herrschen.

Wir geben Menschen die Möglichkeit, den Glauben (neu) zu entdecken:
Persönliche Spiritualität gibt Kraft, spendet Trost und fördert die Achtung vor der Schöpfung sowie die Freude am Leben.

Wir stehen mit Respekt vor der Glaubenserfahrung anderer:
Wissen fördert Dialog und Verständnis, schützt vor Fundamentalismus und Hass. Wir wollen die Schätze anderer Religionen kennenlernen, verstehen und respektieren.

GÜTERSLOHER VERLAGSHAUS
DIE VISION EINER NEUEN WELT

Bibliografische Information der Deutschen Nationalbibliothek

Die Deutsche Nationalbibliothek verzeichnet diese Publikation in der Deutschen Nationalbibliografie; detaillierte bibliografische Daten sind im Internet über https://portal.dnb.de abrufbar.

1. Auflage

Umschlagmotiv: Heinrich Stegemann, »Samariter«, 1919. Öl auf Leinwand, 134 x 83 cm. © der Vorlage: akg-images.
Druck und Bindung: Books on Demand GmbH, Norderstedt
Printed in Germany
ISBN 978-3-579-08246-2

www.gtvh.de